Pour être informé des activités de L'attitude des Héros ®,
retrouvez L'attitude des Héros sur les réseaux sociaux et consultez notre site web :
www.lattitudedesheros.com

Éditions L'attitude des Héros ®
Rue du Fort, 8 - B-4671 BARCHON (BELGIQUE)

Graphisme et mise en page : Maiko Creative Agency - Wendy Herbrand
www.creativemaiko.com
Imprimé par Carré Graphique

grantha
diffusion

Dépôt légal : Bibliothèque royale de Bruxelles : D/2017/13.132/1.
ISBN : 978-2-9601401-8-7
2ère édition 2018

FRED COLANTONIO

Rebondir sur l’échec

POUR MIEUX RÉUSSIR

Remerciements

> **Quand on prend des risques, on peut perdre. Quand on n'en prend pas, on perd toujours.**

BACHAR KOUATLY
champion de France d'échecs en 1979 et premier grand-maître international français en 1989

Merci à toutes les personnes qui ont accepté de contribuer à ce livre par leur éclairage sur l'échec. Elles proviennent d'Angleterre, Belgique, France, Québec, Suisse. Elles sont entrepreneurs, sportifs, scientifiques et il y a même un musicien professionnel en la personne de Blaze Bayley (ex-chanteur du groupe Iron Maiden).

Toutes ont des trajectoires hors norme et ont dû, à leur niveau, gérer la relation à l'échec. Leur partage d'expérience enrichit ce livre et le rend collaboratif. C'est un privilège de les savoir à mes côtés.

Merci aussi aux personnes qui ont relu le contenu de l'ouvrage afin de le rendre plus clair, plus simple et plus précis.

Merci à vous, lectrice, lecteur, qui contribuez par votre intérêt à faire évoluer la perception de l'échec.

Merci aux échecs qui nous arrivent. Même s'ils ont un goût amer, ils nous font grandir.

- Je me demande ce qu'au fond je redoute le plus. Ne jamais les voir rentrer ou les voir rentrer et qu'ils constatent notre échec.

- Alors réussissons.

- Donc, reprenons cette quatrième itération.
Appliquons-la à de nouveaux champs.

- Sauf votre respect, Professeur,
nous avons essayé ça des centaines de fois.

- Il suffit que cela marche une fois, Murphy.

Dialogue entre le professeur John Brand (Michael Caine) et Murphy Cooper (Jessica Chastain), personnages du film Interstellar (Réalisé par Christopher Nollan, *Warner Bros.*, 2014)

Sommaire

Mea Culpa

La vie est une affaire de plans B. Rien ne se déroule jamais comme prévu. ”

RICHARD BRANSON
fondateur de la marque Virgin

Tous les exemples et anecdotes de ce livre sont peut-être erronés ou amenés à être contredits par des découvertes ultérieures de la recherche ou de la science. Je n'ai pas de prétention à la vérité ni à l'exactitude. Je suis par contre animé de convictions que j'ai à cœur de partager et d'illustrer au mieux, avec le plus de précision possible tant dans mes analyses que dans mes sources d'information.

Par ailleurs, malgré mes efforts et les relectures de personnes compétentes et de confiance, ce livre contient certainement encore quelques coquilles. En ce sens, c'est une illustration de mon échec à écrire un livre parfait, dépourvu de failles. C'est bien ainsi : je préfère que ce livre soit publié en étant imparfait plutôt que de vouloir écrire le livre parfait – même si c'est tentant – et ne jamais aboutir.

Les erreurs identifiées seront corrigées en toute humilité dans les éditions ultérieures et réimpressions. Ce qui, somme toute, rend chaque tirage unique en son genre et offre déjà un aperçu concret de ce que peut signifier *« rebondir sur l'échec. »*

Édito de Guillaume Mulliez, Président de 60 000 rebonds

Lorsque Fred Colantonio m'a présenté son projet et la thématique de son livre *Rebondir sur l'échec pour mieux réussir,* cela m'a fait réagir et m'a interpelé à travers mes propres rebonds : dépressions et divorces, mais aussi par l'association *60 000 rebonds* [1] que j'accompagne.

Mes échecs ont été autant d'expériences qui, au-delà des douleurs traversées, m'ont permis d'en tirer des enseignements et de grandir.

L'action de *60 000 rebonds* est une parfaite illustration de la thématique de ce livre. *60 000 rebonds* est un réseau d'associations en France dont la mission est d'accompagner des entrepreneurs qui ont liquidé leur entreprise, à rebondir vers un nouveau projet professionnel et de contribuer par leur témoignage à changer le regard de notre société sur l'échec.

Les entrepreneurs qui nous rejoignent ont subi un triple traumatisme : professionnel, personnel et souvent familial. Au-delà de l'échec professionnel et sa stigmatisation sociale, par un jeu de domino, l'entrepreneur subit des conséquences également sur le plan personnel : mise en jeu des cautions personnelles, de l'hypothèque sur le domicile, perte de tout revenu. Très fréquemment, le déni de l'entrepreneur face à ses difficultés, voire le mensonge, placent son conjoint devant une situation soudaine et brutale, qui s'ajoute aux difficultés financières. L'enchaînement et l'effet cumulatif de ces épreuves peuvent avoir des conséquences sur la santé de l'entrepreneur (dépres-

[1] 60 000 correpond au nombre d'entrepreneurs qui font faillite chaque année en France, NDLR. Voy. http://60000rebonds.com/

sion...) Bien entendu, cet entrepreneur perd tout amour propre, toute confiance en soi, et son rebond devient dans ces conditions extrêmement compliqué.

Il est essentiel qu'une solidarité se mette en œuvre tant pour l'accompagner dans le deuil de son échec, purger ses douleurs, que pour lui faire accepter sa part de responsabilité. Un coach professionnel intervient auprès de l'Entrepreneur en Rebonds (EER) dans ce processus. Une fois ce travail accompli, l'EER qui a retrouvé un chemin et un projet professionnel sera accompagné par un parrain qui apporte un regard externe, en le conseillant et en le stimulant si nécessaire. Des réunions mensuelles collectives avec l'organisation de groupes de co-développement permettent aussi aux EER de partager leurs projets et attentes, de retrouver la confiance et l'énergie nécessaires à relancer une dynamique de rebonds. L'ensemble de ce dispositif permet à des personnes en grande difficulté de redémarrer un nouveau projet professionnel, en ayant capitalisé sur l'expérience acquise de leurs échecs.

Ce livre contribue à accepter plus facilement nos échecs, à accélérer le rebond, et ainsi à développer les capacités entrepreneuriales de nos pays.

Guillaume Mulliez
Président de *60 000 rebonds*

Préface d'Edgar Grospiron

Au cours de ma carrière, j'ai perdu plus de compétitions que j'en ai gagnées. Ai-je pour autant échoué ? Cela m'a-t-il empêché de réussir ? La réponse est simple : non. Car l'échec n'est pas une fin en soi… Alors qu'est-ce que l'échec ? J'aimerais vous faire part de mon expérience sur le sujet.

Tout d'abord, soyons clairs : je n'aime pas me retrouver en situation d'échec. C'est difficile à supporter et si j'avais le choix, je m'en passerais bien. Et pourtant, je vous dirais que sans les échecs que j'ai essuyés, je ne serais pas le même aujourd'hui. Laissez-moi vous raconter trois situations au cours desquelles j'y ai été confronté.

À l'âge de 14 ans, j'étais en échec scolaire. Je me suis retrouvé dans le bureau de la conseillère d'orientation du collège des Barattes [2] qui m'a dit : « *Mais Grospiron, qu'est-ce qu'on va faire de vous ?* » Je lui ai répondu que je n'étais pas intéressé par les études car je voulais faire du ski. Elle ne semblait pas vraiment convaincue et m'a rétorqué : « *Vous devriez faire l'effort de passer votre BAC car il vous faudra bien un métier plus tard !* » Elle n'avait pas compris que pour moi, le ski était plus qu'un métier, c'était une vocation.

Un an après avoir remporté mon titre olympique, j'étais en échec sportif. Allongé sur un lit d'hôpital, je venais de me faire opérer au genou après une méchante chute à la réception d'un saut sur une piste bien verglacée en finale d'une Coupe du Monde aux États-Unis. Cet échec était d'autant plus difficile à accepter que je dominais ma discipline depuis plus de trois ans en ayant remporté tous les titres internationaux. Seul sur mon lit d'hôpital, j'ai réalisé que le rêve qui était le mien était devenu une réalité.

[2] Région d'Annecy en France, NDLR.

En 2010, je dirigeais le comité de candidature de la ville d'Annecy pour l'organisation des Jeux olympiques d'hiver en 2018 et je me suis retrouvé en échec professionnel. Je ne pouvais rêver plus excitant comme projet de ramener dans mon pays l'organisation des JO, mais nous n'étions pas favoris. Au bout de dix mois à ce poste, j'ai proposé une autre stratégie à mon conseil d'administration qu'il n'a pas validée. J'ai démissionné. Notre projet fût sévèrement sanctionné par le CIO. [3] J'étais terriblement déçu, mais j'étais resté fidèle à mes convictions.

La connotation de l'échec dans notre société n'est jamais glorieuse. Que vous soyez étudiant, chef d'entreprise, sportif ou homme politique, que sais-je… l'échec est toujours perçu comme un camouflet pour celui qui le subit. Il a un goût d'absolu qui dérange. Comme si ceux qui étaient en échec une fois le seraient toute leur vie. Comme si ceux qui avaient connu l'échec une fois n'avaient pas droit à une seconde chance. Comme si ceux qui avaient connu l'échec une fois étaient des pestiférés. Sans doute parce que l'échec est entré dans le champ moral, tout comme le bien et le mal, le bon et le mauvais, l'échec n'a pas de demi-mesure. Il est entier.

Or, ce que j'ai vécu est tout autre. Il y avait, dans chacun de mes échecs, du bon et du moins bon. Il y avait, dans chacun de mes échecs, des choses à garder et des choses à faire progresser. Il y avait, dans chacun des trois échecs décrits plus haut, un trésor à préserver ; une passion pour le ski, un rêve d'être le meilleur du monde et une éthique personnelle. Alors, doit-on sacrifier ses passions, ses rêves et ses valeurs pour réussir ?

Vous voyez bien qu'il n'est pas possible de réussir sans ces ingrédients-là… Ceci m'amène finalement à distinguer

[3] Comité International Olympique, NDLR. Plus d'informations sur : www.olympic.org/le-cio-linstitution

le résultat de la réussite. Le résultat est tangible, il se matérialise par un score, bon ou moins bon, une médaille, un podium. Il ne représente qu'une évaluation de sa performance à l'instant T. Une étape. La réussite est tout autre.

Qu'est-ce qu'une vie réussie, une carrière réussie, une expérience réussie ? À chacun son interprétation. Elle n'est tangible que par la définition que vous lui donnez. Cela démontre que la réussite est un chemin dont les étapes sont marquées par des résultats à l'instant T. Dès lors, chaque résultat est un indicateur de notre progression. Il nous permet de nous situer sur le chemin de notre accomplissement personnel, professionnel… ce qui peut nous permettre de relativiser les méfaits de l'échec. Car si l'échec devient un indicateur de performance, alors l'échec est toujours un bien, à condition de l'accepter.

Accepter l'échec, certes ! Mais comment ? Tout d'abord, l'échec se relativise. Il y a dans l'expérience qui a conduit à l'échec de l'énergie, de l'intelligence et du temps qui a été investi et qui n'est pas vain. Il y a tout un tas d'enseignements à en tirer. Ensuite, l'échec permet d'apprendre. J'ai toujours considéré qu'il y avait échec lorsqu'une même erreur se répétait deux fois. Enfin, l'échec permet de repartir plus fort. Avec un niveau de conscience plus élevé et des outils mieux affûtés.

Pour mieux apprendre de ses échecs, pour mieux comprendre comment corriger le tir et pour repartir plus fort, le livre que vous avez entre les mains sera fort utile. Je remercie Fred pour l'honneur qu'il me témoigne en m'offrant cette préface.

Edgar
Champion olympique de ski de bosses
www.grospiron.net

À Livio, 9 ans,
mon petit Héros.

Je te souhaite de continuer à regarder ce que
tu entreprends avec tes grands yeux d'enfant curieux.

Avant-propos : comment faire de nos revers des coups gagnants ?

À l'occasion, nous faisons tous l'expérience de quelques ratés plus ou moins conscients : l'examen crucial que nous avons tardé à préparer, l'enjeu pour lequel nous n'étions pas tout à fait motivés, le rendez-vous important manqué. Il nous arrive d'admettre l'un ou l'autre sabotage que nous reconnaissons parfois après coup, assumant alors que nous n'étions pas pleinement engagés à réussir.

La plupart du temps, hormis l'un ou l'autre cas plus ou moins identifié – et sauf les configurations psychologiques voisines de la déviance –, aucun de nous ne recherche volontairement ces situations qui suscitent des émotions désagréables, telles que la tristesse, le dégoût ou la colère. C'est qu'on choisit rarement d'échouer de manière délibérée.

Quelque fois, il semble que la vie s'entête à nous mettre en difficulté. Elle nous fait trébucher, butter sur l'obstacle, tomber encore et encore. Dans ces moments de profond désespoir et d'immense désarroi, nous sommes tous pareils, peu importe notre origine et nos convictions. C'est qu'on apprécie rarement le goût amer de la défaite, de la perte ou de l'humiliation.

Pourtant, plus que n'importe quel courant politique ou idéologique, s'il y a un ressenti universel que tous les êtres humains partagent, c'est bien celui de l'échec lorsqu'il survient dans nos vies. Plus encore que l'amour, l'épreuve de l'adversité est peut-être l'état qui nous relie le plus aux autres, parce que nous sommes toutes et tous concernés un jour ou l'autre. Tout le monde fait, à son niveau, l'expérience de l'échec.

C'est cette sensation de vécu qui nous amène à la compassion lorsque nous disons à l'autre : « *Je sais ce que ça fait, je suis passé par là.* » Les émotions auxquelles les revers nous connectent et le sentiment d'impuissance que nous ressentons nous rapprochent d'inconnus frappés par le malheur et dont l'histoire soudainement nous touche.

L'échec, ou en tout cas la possibilité qu'il survienne – son éventualité –, est aussi la base sur laquelle repose l'industrie du divertissement, les événements sportifs et les grandes histoires de réussite. Les exemples utilisés dans ce livre et les éclairages des personnes qui ont accepté de partager leur expérience de la déconvenue forment un socle pour bâtir une autre perception de l'erreur et de la faute, parce que nous sommes convaincus que l'échec est une matière première, un terreau fertile pour pousser et grandir. À moins que nous n'en décidions autrement, l'échec est notre meilleur allié pour rebondir plus haut, plus loin, plus fort.

L'échec comme levier de réussite ? L'approche peut paraître décalée, voire provocante : elle peut choquer tant le sujet est encore tabou. Prenons le risque ensemble. Il nous paraît plus enrichissant d'aborder la thématique et soutenir la réflexion, quitte à susciter la désapprobation, plutôt que de la passer sous silence.

Pour que l'échec soit une opportunité de rebond, encore faut-il le percevoir comme tel. Or, trop souvent, il arrive que cette conception soit masquée de notre champ de conscience. Notre orgueil, notre désespoir ou encore notre lâcheté, nos croyances, notre éducation ou nos certitudes nous empêchent souvent de regarder l'échec pour ce qu'il est : une occasion d'apprendre.

Au lieu de chercher à l'éviter, nous gagnons à identifier les traces et séquelles de l'échec dans notre attitude au quotidien, à admettre qu'il fait partie de nos vies que nous le voulions ou non et à accepter de nous en servir comme levier de progression.

Il ne s'agit pas de le glorifier, mais de le normaliser, de le voir comme un élément désagréable qui fait pourtant partie intégrante, au même titre que les joies et malheurs, du chemin de vie de chacun d'entre nous.

Nous gagnons à oser nous confronter à l'échec pour mieux le reconnaître et l'apprivoiser afin de mieux nous connaître, faire mieux aujourd'hui qu'hier et repousser nos limites. C'est la condition pour créer la surprise et transformer nos revers en coups gagnants.

PREMIÈRE PARTIE

L’échec à la loupe

Thriller : mon premier échec

Mon enfance s'inscrit dans le contexte particulier des années 1980. Cette période est marquée par l'avènement de la musique sous toutes ses formes. Du top 50 au clip vidéo, de la radio à MTV, la culture musicale est en plein boom. À l'époque, Michael Jackson marque l'histoire avec son album *Thriller*. La chanson du même nom donne lieu à un clip vidéo de près de 14 minutes précurseur, avant-gardiste, extraterrestre. C'est du jamais-vu.

De la transformation du chanteur en loup-garou à l'encerclement de sa compagne par les morts-vivants en passant par la danse mythique de Michael Jackson, *Thriller* offre autant de facettes effrayantes que fascinantes. La réalisation de John Landis est magistrale et la bande son, mixée spécifiquement pour les besoins de l'histoire, grandiose.

La chanson et le clip marquent une génération à l'échelle planétaire. [1] Aujourd'hui encore, *Thriller* est considéré comme l'un des meilleurs clips vidéos de tous les temps.

J'ai 12 ans quand mon école annonce l'organisation, pour la première fois, d'un concours de *playback* (*lip sync* dit-on au Québec). [2] Au départ, je ne me sens pas vraiment concerné par cette grande soirée. À la récré, avec les copains, on chante *Thriller* et on parle des zombies du clip, en même temps qu'on joue aux billes et au ballon.

Je ne sais plus trop précisément d'où, ni de qui, est venue cette idée un peu folle, mais je me rappelle très bien de la proposition : « *Et si on faisait* Thriller *à la soirée playback ?* » Nous embarquons à 7 dans l'aventure : 6 filles de ma classe et moi. Je vous laisse imaginer qui fera Michael Jackson sur scène.

Je me souviens des répétitions pendant les récréations, ensemble chez les parents en dehors des heures scolaires et chacun chez soi aussi, pour apprendre la chorégraphie que nous avions mis des heures à mettre au point.

Le fameux soir, tout est là : nous avons répété, nous avons des costumes faits de vieux vêtements préparés par nos mamans pour l'occasion et même des accessoires – des boîtes en carton peintes avec l'aide de nos papas pour reproduire les tombes du clip. Vingt ans avant la série *The Walking Dead*, nous voilà prêts à jouer les morts-vivants devant 200 personnes de l'école et du village.

Nous sommes montés sur scène avec la naïveté et l'aplomb des enfants que nous étions. Nous avons exécuté notre chorégraphie aussi bien qu'aux répétitions. Nous avons créé l'événement avec nos costumes et accessoires. Notre préparation et notre niveau de coordination a surpris tout le monde. Surtout, nous nous sommes amusés sur la scène. Nous avons vécu un moment intense d'excitation et d'adrénaline.

Nous avions travaillé fort et nous avons donné tout ce que nous pouvions lors de la prestation. Les réactions du public et les applaudissements ont été à la hauteur de notre engagement dans cet effort de plusieurs semaines. Les félicitations des personnes présentes ce soir-là et les regards émerveillés à notre sortie de scène nous confirment que nous avons frappé fort.

Nous avions entamé la « compétition » avec l'esprit d'enfants qui voulaient passer un bon moment. L'ambition a pris de l'ampleur au fur et à mesure de notre investissement dans notre préparation. L'envie de gagner est devenue tangible après notre passage et les retours enthousiastes du public.

Après avoir proclamé les groupes qui occupent la troisième puis la deuxième marche du podium, il ne reste plus que le nom du groupe vainqueur à révéler. Alors que tout le monde croyait en nos chances et nous voyait victorieux – y compris nous-mêmes vu l'accueil reçu –, nous n'avons pas gagné le concours.

« *Ils ont surpris tout le monde. Ils auraient dû gagner. Malheureusement, le chanteur n'a pas chanté,* » annonce le présentateur de la soirée. À ce moment-là, tout s'écroule : j'ai empêché mon équipe de triompher parce que je n'ai pas articulé les lèvres pour faire semblant de chanter. De toute la chorégraphie et des 6 minutes passées sur scène, je n'ai pas ouvert une seule fois la bouche.

J'étais concentré sur les gestes et les pas de danse à effectuer pour offrir la meilleure prestation possible au public, au jury et à mes camarades sur scène. J'en ai oublié les bases : un chanteur doit chanter, même s'il s'agit d'une illusion dans le cadre d'un *playback*. Je n'y ai pas pensé.

Dès cet instant, l'enfant de 12 ans que je suis n'entend plus rien. Le monde, mon monde, s'arrête. Je vois ce qui se passe, mais je distingue mal ce qui se dit. « *Le chanteur n'a pas chanté.* » La phrase est répétée. Je comprends que cette victoire que nous touchions du bout des doigts nous a échappé. Définitivement. Le chanteur qui n'a pas chanté, c'est moi.

En une fraction de seconde, je passe de héros à zéro. Sonné, KO debout, j'entends la tendre voix de ma maman dire : « *On va s'isoler, parce que je crois qu'une larme doit couler.* » Je refuse de m'effondrer en public, j'ai déjà été assez humilié. Je fondrai en larmes à peine franchi le pas de la porte de la maison, assis sur les marches d'escalier menant à ma chambre, la tête dans les mains, pendant de longues minutes.

Il ne s'agit peut-être pas du premier revers que j'ai rencontré dans ma vie, mais c'est en tout cas celui dont j'ai le souvenir à la fois le plus marquant et le plus éloigné dans le temps. Jusqu'à aujourd'hui, je n'en avais jamais reparlé à personne.

Il y a des événements bien plus dramatiques et la vie nous a permis à tous de survivre à cette soirée. Cependant, je garde de cette expérience un souvenir amer. En écrivant ces lignes, je prends aussi conscience que cet échec d'enfant a conditionné une partie de ma vie adolescente et adulte : passionné de guitare, j'ai créé et joué dans deux groupes durant une dizaine d'années. [3] Durant tout ce temps, soit j'ai refusé d'endosser la place de chanteur (alors que j'écrivais la musique et les textes), soit j'ai occupé ce poste clé sans vraiment l'incarner – en tout cas sans assumer le rôle de leader qu'il implique.

Je ne dis pas que nous aurions fait une grande carrière. Mais je me rends compte que, malgré nos envies et aspirations, j'ai placé ma propre limite avant même de monter sur scène. Ma barrière personnelle a été conditionnée par le souvenir enfoui que *« le chanteur n'a pas chanté. »*

Personne n'aime échouer

Qui est heureux à l'idée d'être coupé en plein élan ? Qui se réjouit de trébucher ? Dans la grande majorité des individus normalement constitués, personne. Personne ne se lève le matin en se disant : *super, ça va être compliqué*. Personne n'aime être confronté à l'échec.

Pourtant, l'être humain éprouve une certaine fascination à côtoyer le sujet et à s'en inspirer. Combien de fois sommes-nous plongés dans une histoire qui s'appuie sur la difficulté du héros à surmonter l'adversité et faire face aux obstacles ? La traversée des épreuves qui permet au personnage principal d'une histoire de se révéler et de se dépasser est à la base de bien des succès littéraires et cinématographiques. C'est peut-être même ce qui définit en premier l'attrait que nous portons à un récit.

INSPIREZ-VOUS

Lorsqu'un *loser* des quartiers populaires de Philadelphie est choisi pour défier le champion du monde, catégorie poids lourds, l'histoire de Rocky Balboa résonne et devient un succès international. Sylvester Stallone incarne ce boxeur amateur qui va saisir sa chance et faire de cette opportunité l'odyssée d'une vie.

Cette saga de David contre Goliath, qui s'étire sur plusieurs épisodes et 30 ans de l'histoire du cinéma, nous emmène dans la lutte d'un individu face aux autres – son adversaire, son entourage, ses détracteurs – et surtout face à lui-même.

La recette du succès de Rocky, c'est le récit des nombreux combats qu'un être humain ordinaire peut mener au long d'une vie et qui dépassent le cadre d'un ring de boxe : s'entraîner pour atteindre un objectif ambitieux, échouer, se remettre en selle, toucher du doigt la victoire et perdre malgré tout, vouloir jeter l'éponge et tout abandonner, se relever, perdre un être cher, se remettre en question, réussir : c'est la lutte pour vivre et s'accomplir qui est racontée dans cette scénarisation d'une existence somme toute banale. Les épreuves auxquelles ce héros populaire fait face sont celles de chacun de nous au quotidien.

Les films de super-héros qui ont la cote depuis plusieurs années reposent sur la même logique. Des *X-Men* aux *Avengers*, en passant par *Star Wars*, *Hunger Games* ou *Divergent*, il est toujours question d'une lutte personnelle qui, si elle n'est pas menée à terme, conduit à l'échec. Défaite, emprisonnement, mort sont les conséquences que la fiction nous renvoie d'une quête ratée. À l'inverse, la traversée des difficultés, la survie aux épreuves et la lumière au bout du tunnel sont les éléments-clés qui transforment l'individu ordinaire en héros.

L'épopée et la détermination courageuse à continuer là où d'autres pourraient s'arrêter nous attirent. La situation compromise, l'inconnue du déroulement et l'issue incertaine nous tiennent en haleine, même quand nous entrevoyons déjà le dénouement.

Toute catégorie confondue, et sans rien enlever au mérite du vainqueur, les grands moments de sport sont rarement les victoires attendues et écrasantes. Souvent, ce sont plutôt les parties âprement disputées et les matchs serrés, les moments où les pronostics sont déjoués – comme quand un concurrent *qui n'avait aucune chance* crée la surprise en tenant la dragée haute au présumé champion (comme Rocky Balboa face à Apollo Creed ou les contextes où les limites sont repoussées – comme lorsqu'un record établi de longue date est battu). En filigrane, derrière chaque succès de ce type, c'est l'échec qui est déjoué.

Quel joueur sera victorieux à la fin d'un match disputé ? Quel athlète franchira la ligne d'arrivée le premier après un coude-à-coude épique ? Quelle équipe *tiendra en échec* son adversaire ? Les compétitions sportives sont passionnantes parce qu'elles sont indécises. Quand, à tout moment, la situation peut basculer et la balance pencher d'un côté ou de l'autre, nous sommes pris dans le feu de l'action.

INSPIREZ-VOUS

Albertville, 1992. Pour la première fois, le ski acrobatique, ou ski de bosses, est reconnu comme discipline olympique. Le Français Edgar Grospiron annonce, bien avant la compétition, qu'il remportera l'or. Impertinent et culotté, le jeune homme est en droit d'y croire : il arrive aux Jeux de 1992 en favori après avoir décroché l'or aux championnats du monde en Allemagne (1989) et aux États-Unis (1990).

Le jour J, Edgar Grospiron obtient l'une des 3 médailles d'or glanées par la France au cours de cette édition. Coqueluche des plateaux télés, apprécié pour son franc-parler, son sens de l'humour et son physique de beau gosse, Edgar est au top : Champion de France, d'Europe, du Monde, Numéro 1 mondial et Champion olympique.

C'est à ce moment que sa mécanique s'enraie : « *Je venais de réaliser mon rêve de gosse. Désormais, je ne pouvais plus compter sur ce repère-là pour avancer et je n'en avais pas encore conscience... C'est en partie pour cela qu'une spirale d'échec s'est insidieusement mise en route...* » [4]

Piégé par sa réussite, Edgar se détourne de ce qui a fait de lui un champion : il manque des entraînements et conteste les conseils de son entraîneur. Son ego de champion l'emporte sur l'humble travail de sa technique et l'amélioration constante de ses points forts. Aux championnats du monde de 1993, il se classe 36e. Edgar perd l'envie et le plaisir de skier, si caractéristiques de sa carrière jusque-là.

Après plusieurs mois d'errance consécutifs à la blessure qu'il partage dans la préface de ce livre, Edgar se fixe un nouveau défi : participer une dernière fois aux championnats du monde. Pour se relever et sortir par la grande porte, la tête haute. Dignement. Il reprend le chemin des entraînements, puise dans ses ressources pour retrouver ses réflexes, son instinct, son envie. En 1995, Edgar Grospiron termine avec un sourire éclatant et, autour du cou, la médaille d'or des championnats du monde de La Clusaz.

Pour expliquer son incroyable détermination à réussir et surtout à rebondir, il évoque Thierry Vernhes, son entraineur aujourd'hui disparu : « *Les 15 ans qu'a durés ma carrière de skieur de bosses, je les dois à ce jour particulier où Thierry m'a permis de comprendre que dans un monde aussi chaotique que celui du ski de bosses, celui qui s'en sort le mieux visualise l'obstacle comme une opportunité.* » [5]

Les vies les plus inspirantes sont souvent celles qui sont jalonnées d'accidents de parcours. Elles nous rappellent à quel point la victoire est belle quand elle dépasse les obstacles. Un être humain qui parvient à aller au-delà de ce qui lui barre la route nous montre, à nous ses semblables, que s'il a fini par contrarier l'adversité, son adversité, nous pouvons aussi venir à bout de la nôtre, quelle qu'elle soit.

INSPIREZ-VOUS

Qui mieux que Nelson Mandela incarne le parcours d'une vie semée d'embûches ? Celui qui fut le premier Président noir d'Afrique du Sud de 1994 à 1999 a porté le matricule 466/64 durant les 27 années où il fut emprisonné. Son crime ? Combattre un régime politique de ségrégation raciale, l'apartheid.

Le pays est plongé dans la discrimination depuis que le Parti national a remporté les élections de mai 1948. Grâce à son éducation et sa formation juridique, le jeune Mandela comprend tôt le rôle qu'il peut jouer. Il perçoit aussi très vite qu'opposer une politique pro-Africains à un régime pro-Blancs (ou anti-Noirs) serait aussi néfaste que la domination blanche en place. Il opte pour une position tournée vers la vision d'une nation africaine multiculturelle *arc-en-ciel* et harmonieuse.

En 1962, alors leader du Congrès National Africain (ANC), parti politique dont il dirige la branche militaire dans la clandestinité, Nelson Mandela voyage déguisé et disparaît à chaque fois que la menace de capture devient trop forte. Accusé de sabotage en juillet 1963, il échappe à la peine de mort et est condamné à la réclusion à perpétuité le 12 juin 1964, sous les yeux de la communauté internationale. Il est alors âgé de 46 ans.

Les années 1980 marquent l'indignation de plus en plus grande du monde à l'égard de l'apartheid. Le 14 septembre 1989, Frederik De Klerk accède à la présidence de l'Afrique du Sud et affiche son ouverture, ses intentions de réformer le pays et sa volonté d'abolir l'apartheid.

Le 11 février 1990, Nelson Mandela est libéré à l'âge de 72 ans.[6] En 1993, il reçoit, avec Frederik De Klerk, le Prix Nobel de la Paix et devient le premier Président postapartheid de l'Afrique du Sud un an plus tard. Il convie à la cérémonie d'investiture son ancien geôlier, James Gregory.

Fin 1995, Nelson Mandela déjeune avec Percy Yutar, le procureur qui voulait requérir la peine capitale contre lui lors du procès de 1964. Mandela explique que l'homme s'acquittait de sa tâche et que le pardon est une posture plus noble que la vengeance ou le ressentiment. Mandela répète les gestes symboliques, notamment en février 2010, lorsqu'il invite Christo Brand, un des gardiens de prison dont il était resté proche, à dîner pour célébrer les 20 ans de sa libération.

Nelson Mandela s'éteint le 05 décembre 2013 à l'âge de 95 ans. Il laisse en héritage un formidable message d'espoir à tous les partisans de la liberté, de pardon incroyable envers ceux qui ont participé à ses souffrances et d'invitation à nous impliquer avec ferveur dans ce qui nous tient à cœur. Il déclara d'ailleurs : « *Je ne perds jamais : soit je gagne, soit j'apprends.* » C'est ainsi que nous pouvons surmonter d'inimaginables obstacles et finir par rebondir alors que tout semble perdu. L'échec est d'ailleurs peut-être la perception que nous aurions gardée de lui s'il avait cessé le combat, son combat, et fini ses jours en prison.

L'échec est un monstre à plusieurs têtes

L'échec est à l'image de cet animal que la mythologie a encensé. À l'origine, l'hydre est un organisme marin tout petit (environ 15 millimètres). Les Grecs antiques le représentent comme un serpent à plusieurs têtes, dont chacune repousse tant qu'elles ne sont pas toutes coupées en même temps. C'est parfois bien ce à quoi ressemble l'échec : une situation que nous grossissons au point d'en faire un monstre.

À l'opposé, il arrive que l'échec soit cette circonstance extrême, écrasante, qui nous semble insurmontable : à chaque fois que nous croyons faire un pas en avant (comme en coupant l'une des têtes de l'hydre), une nouvelle difficulté vient compromettre notre répit.

Dans tous les cas, l'échec en appelle à un tressaillement intérieur. À un moment où l'autre de nos vies, nous sommes confrontés à la crainte de couler à pic, de ne pas être à la hauteur d'un défi, de ne pas pouvoir nous relever d'une déconvenue, de la plus petite bévue à la plus grosse catastrophe. [7]

Ce qui peut nous rassurer, c'est que nous sommes tous concernés par ce ressenti. C'est ce qui rend le sujet de l'échec universel. Chacun peut avoir son avis sur ce qu'il est et les moyens de s'en relever. Chacun peut aussi être persuadé d'avoir la recette pour s'en remettre ou, du moins, faire avec : puisque nous sommes toujours en vie, c'est que nous avons, d'une manière ou d'une autre, réussi à y survivre jusqu'ici.

Dans le même temps, notre façon de percevoir l'échec, de le ressentir et de le vivre est éminemment personnelle. Sa définition même varie d'une personne à l'autre. [8] Face à l'échec, chacun réagit de manière différente. Certains vont s'emporter, tourbillonner et laisser s'exprimer leur colère. D'autres vont fondre en larmes, désespérés, ou abandonner. D'autres encore ne vont rien dire et tout intérioriser. Certaines personnes vont s'effondrer, d'autres vont puiser la force de se relever et de rebondir plus haut.

Tous les scénarios sont possibles. C'est ce qui fait l'intérêt du sujet : il est à la fois universel et intime, et il reflète notre humanité. Lorsqu'on se penche sur les mécanismes de fonctionnement de l'être humain, l'éventail des possibilités est large, si pas infini.

Les différentes facettes de l'échec

Lorsqu'on regarde l'échec, on est surpris par la variété de ses facettes. Au-delà de la première impression que le mot suscite, l'échec englobe une infinité de perceptions, de nuances et d'ampleurs.

Nous pouvons considérer ses **composantes**. [9] L'échec englobe alors une composante objective et différentes composantes subjectives. La partie objective de l'échec désigne tous les cas où nous échouons à obtenir le résultat que nous espérions. C'est ce qui arrive quand nous manquons notre objectif, que celui-ci ait été fixé par nous-même ou par d'autres.

L'échec rassemble aussi une série de composantes dues à nos perceptions et à notre subjectivité. Ce qui sera un drame pour quelqu'un sera négligeable pour quelqu'un d'autre. À l'inverse, ce qui sera considéré comme une réussite pour l'un sera peut-être un échec pour l'autre (c'est le cas par exemple d'une évaluation dont le résultat est *bon* alors que nous visions le niveau *excellent*).

Il y a aussi des échecs de **différentes natures**. Le philosophe Charles Pépin en identifie trois. [10] Les échecs qui ***nous rendent plus forts*** sont ceux qui, répétés, vont forger notre caractère et nous aider à grandir. Dans le fond, ils nous préparent à réussir dans la voie qui est la nôtre.

INSPIREZ-VOUS

Connaissez-vous cet Américain qui échoue à entrer à l'assemblée de l'État d'Illinois en 1832 à l'âge de 23 ans ? Il retente alors sa chance en 1834 et est élu. Il sera reconduit à trois reprises comme représentant jusqu'en 1842. En 1846, il est élu à la Chambre, mais son mandat ne sera pas renouvelé. En 1854, il est battu aux élections du Sénat. Même résultat 4 ans plus tard. Le 6 novembre 1860, âgé de 51 ans, cet homme devient Président des États-Unis et œuvre activement à l'abolition de l'esclavage. Il s'appelle Abraham Lincoln. [11]

Les arts sont aussi révélateurs de destinées qui se forgent au départ de l'adversité. Confrontés à un désavantage au départ, des musiciens se révèlent et font de brillantes carrières. Pensons à Ray Charles, Stevie Wonder, Andrea Bocelli ou Gilbert Montagné, tous aveugles.

Le psychopédagogue Bruno Humbeeck explique que *« l'art de rebondir malgré une invalidité ou grâce à elle peut (...) amener la personne handicapée à surinvestir un domaine dans lequel son infirmité ne se manifeste justement pas. C'est le cas de l'aveugle qui développe son sens auditif et chemine dans la musique sur les traces de Stevie Wonder, ou de Ray Charles... »* [12]

INSPIREZ-VOUS

Parfois, c'est au cœur de l'adversité que l'individu trouve son originalité. Django Reinhardt, guitariste d'origine belge qui a donné naissance au jazz manouche est victime d'une mutilation à la main gauche. Le doigté qu'il développe poussera certains guitaristes à s'entraver certains doigts de la main pour l'imiter.

Il inspire Tony Iommi, guitariste du célèbre groupe Black Sabbath, qui joue alors qu'il est amputé de deux doigts à la main droite. C'est celle qui pince les cordes sur le manche, Tony Iommi étant gaucher. Il se fabrique des prothèses en plastique qui lui permettent malgré tout d'exprimer sa créativité artistique.

Et que dire de Rick Allen ? Le batteur du groupe de rock britannique Def Leppard perd le bras gauche dans un accident de voiture lorsqu'il a 21 ans. À l'aide du batteur du groupe Status Quo, Jeff Rich, ils mettent au point une batterie électronique innovante : grâce à un système de pédalier, elle permet à Rick Allen de compenser par les pieds les coups qu'il ne peut donner du bras gauche. Batteur de Def Leppard depuis 1978, Rick Allen a enregistré sept albums avec le groupe depuis son accident.

#ÉCLAIRAGE

Caroline Viau

Caroline Viau est mère de quatre enfants et triple médaillée en ski alpin — une médaille d'or et deux de bronze — aux Jeux paralympiques d'hiver d'Albertville en 1992. Passionnée, aventurière, déterminée et audacieuse, Caroline a pu compter sur ses traits de personnalité pour relever les nombreux défis qu'elle se fixe et surmonter ceux que la vie met sur sa route, comme lorsqu'un grave accident durant son enfance la prive d'un avant-bras. Celle qui affirme que « Tout ce qui arrive à sa raison d'être » a décidé de choisir sa destinée et de s'y adapter plutôt que de résister et abdiquer face à la vie. Caroline a la conviction que se permettre de choisir, c'est se donner le pouvoir de réussir.

En tant que sportive, quelle est ton expérience de l'échec ?

J'étais à l'aube de mes 6 ans lorsqu'un accident dans la boucherie de mes parents m'a coûté mon avant-bras gauche. Soudainement, ma vie basculait, mais aussi celles de mes parents qui m'avaient accordé, ce soir-là, le droit, le privilège de préparer le bœuf haché.

Dans les semaines qui ont suivi l'accident, la vision de ce qui restait de mon bras me troublait. Une fois apprivoisée, j'ai appris à m'en servir pour arriver à faire presque tout ce que les gens à deux bras arrivent à faire. Je devais parfois faire preuve d'ingéniosité, de créativité, de débrouillardise pour arriver à mes fins, mais l'important pour moi, c'était d'être autonome et capable de le faire par mes propres moyens, peu importe comment j'y arrivais. Après quelques mois, on m'a appareillée avec une prothèse, mais je me sentais plus limitée avec cette dernière que sans.

Puis est arrivée cette étape parfois si ingrate qu'on appelle l'adolescence. À l'école, je suis devenue l'une des cibles des personnes qui ont besoin de rabaisser les autres pour se valoriser. Comme on dit, *le malheur des uns fait le bonheur des autres*. Moqueries, insultes et parfois même jalousie déguisée. Par chance, j'avais un bon cercle d'amis qui n'hésitaient pas à réagir si c'était nécessaire. Voyant que je ne me laisserais pas abattre, la situation que je peux qualifier d'intimidation n'a pas duré longtemps, mais le mal était fait. Je venais réellement de prendre conscience de ma différence.

Ce fut ma période la plus difficile… et la plus belle en même temps. Je me suis fait énormément d'amis, j'étais une fille occupée, toujours pleine de projets. Au fond de moi, j'avais pourtant peur de ce que l'avenir me réservait. L'amour me paraissait inaccessible, alors qu'en réalité, je le repoussais de peur d'être blessée. Je me disais : *« Pourquoi quelqu'un voudrait d'une personne amputée alors qu'il y a tellement de belles filles entièrement constituées ? »* Cette pensée était difficile pour moi, car je rêvais d'une vie de famille, entourée de nombreux enfants ; ce qui finit par arriver plus tard.

Comment définis-tu l'échec ?

L'épreuve et l'échec sont un tremplin déguisé pour nous propulser ailleurs ou nous amener à un niveau supérieur. Une fois compris, il est beaucoup plus facile de passer au travers et de voir les opportunités qui s'offrent à nous.

Quel est ton super-pouvoir pour y faire face, le surmonter, et en faire un levier de rebond ?

Les amitiés, la famille et le sport sont vraiment ce qui m'a permis de sortir gagnante par rapport à mon amputation. Active, téméraire et déterminée, je trouvais dans le sport une façon de me surpasser, de faire tomber mes limites et de gagner le respect de mes pairs. Non seulement j'étais bonne dans la plupart des sports, mais j'excellais même dans certains. À l'extérieur du cadre scolaire, je faisais du ski alpin, sport que j'aimais énormément.

Lors d'une sortie scolaire en ski alpin, j'ai vu pour la première fois des personnes handicapées s'entraînant sur un parcours de compétition. Je venais de découvrir ce qui allait devenir ma passion. Quelques années après avoir rejoint l'équipe du Québec, je suis sélectionnée pour faire partie de l'Équipe canadienne paralympique pour les Jeux de 1992. Trois médailles plus tard, je reviens au pays avec le sentiment le plus merveilleux au monde : la certitude que je peux surpasser mes limites et que la vie me réserve de belles surprises.

Au cours de ces mêmes années, j'ai joint l'*Association des Amputés de guerre* et son programme pour enfants amputés. Jamais je n'aurais pensé que côtoyer d'autres personnes amputées, à travers le ski et cette association, allait être aussi bénéfique et allait créer la merveilleuse sensation de ne plus être seule au monde.

Aujourd'hui, quand je regarde en arrière, je considère que l'accident qui m'a coûté un bras m'a permis de donner un sens à la vie. Il m'a permis de réaliser qu'en mettant toute notre attention sur ce qui nous manque, on stagne et l'on s'enlise, alors que c'est ce qui reste qui *compte*. Une fois qu'on a compris ce principe, on peut l'appliquer dans toutes les sphères de notre vie.

Les échecs qui ***nous rendent plus humbles*** sont ceux qui nous remettent les idées en place. Ils nous rappellent que nous ne sommes pas infaillibles et que, même si nous excellons dans un domaine, l'arrogance, la prétention et la suffisance peuvent nous faire trébucher.

INSPIREZ-VOUS

Existe-t-il un échec professionnel plus fort que celui de se faire limoger de la société que l'on a soi-même créée ?

Elon Musk, entrepreneur multirécidiviste associé à Paypal, Tesla et SpaceX, James Dyson, innovateur britannique prolifique à l'origine de l'aspirateur sans sac et du sèche-main à air froid, de même que Steve Jobs, cofondateur d'Apple, ont tous trois été écartés à une époque des sociétés qu'ils avaient eux-mêmes fondées.

Ce qui rend leur parcours hors norme, c'est précisément l'intensité de leur trajectoire dans les bons moments comme dans les mauvaises passes, et c'est aussi leur faculté à se remettre en selle quelle que soit la situation.

Qu'est-ce qui mène James Dyson à se relancer ? Qu'est-ce qui pousse Elon Musk, démis de son rôle de CEO chez Paypal, à rester dans l'entreprise avant de partir pour investir dans Tesla, SolarCity et SpaceX ? Qu'est-ce qui incite Steve Jobs à lancer NeXT, société informatique qu'Apple rachètera fin 1996 pour le ramener à son bord, et à acquérir une simple division informatique chez George Lucas – le papa de Star Wars – pour la transformer en Pixar, le premier studio d'animation au monde ?

C'est bien l'un des aspects de la vie de Steve Jobs qui fascine et que plusieurs de ses détracteurs semblent ignorer. À 30 ans, viré d'Apple, il n'était pas à plaindre : enfant adopté issu de la classe moyenne, le cofondateur d'Apple était devenu le plus jeune millionnaire de l'Histoire des États-Unis. Tout comme Musk, il aurait pu tout arrêter, vaguement disparaître et vivre de sa fortune personnelle. Il aurait pu sortir du monde des affaires et se reposer sur ses lauriers passés. Il aurait pu abandonner suite à son échec à diriger Apple.

Steve Jobs n'a pas été mis à la rue. Il avait dépassé les bornes par son comportement. Son licenciement était manifestement justifié. L'homme va apprendre de ses erreurs et se construire une nouvelle attitude. Il reviendra, changé, plus mûr, 12 ans plus tard, pour redresser l'entreprise alors mal en point et la mener vers de nouveaux sommets.

Elon Musk, James Dyson, Steve Jobs et bien d'autres marquent l'histoire parce qu'ils défient l'ordre établi. Chemin faisant, ils persévèrent et poursuivent leur route alors que beaucoup auraient probablement préféré qu'ils s'arrêtent.

Au final, c'est cette exigence vis-à-vis d'eux-mêmes et la détermination à se réaliser en dépit des circonstances qui sont intrigantes chez les individus de cette trempe. C'est souvent la caractéristique des gens qui sortent du lot : ils ne laissent pas indifférents. Ils dérangent, intéressent, lassent et interpellent. Toute personnalité qui rentre mal dans les cases préétablies et les codes habituels de la vie en société nous incite à sortir des voies toutes tracées tout en nous avertissant des dangers à dépasser certaines limites.

Leur trajectoire nous renvoie à ce que nous pouvons accomplir si nous osons nous affranchir de certaines barrières que nous nous imposons parfois. C'est peut-être ce qui fait dire à propos de Steve Jobs – et qui s'applique autant à Elon Musk qu'à James Dyson – que *« beaucoup de gens pensèrent que c'était un connard (...) mais il ne vint à personne de croire que c'était un médiocre. »* [13]

Enfin, les échecs qui nous rendent ***disponibles pour une autre aventure*** sont ceux qui créent une brèche, ouvrent la porte, déblaient le chemin. C'est le cas lorsque, par exemple, un licenciement ou un revers professionnel conduit à créer sa propre entreprise ou à se lancer dans un nouveau projet porteur.

INSPIREZ-VOUS

Considéré aujourd'hui comme l'un des entrepreneurs les plus audacieux de sa génération, Elon Musk est sur tous les fronts ou presque. En 1995, il lance Zip2, sorte de mix entre Google Maps et Yelp, que Compaq rachète en 1999 pour 307 millions de dollars. Il cofonde ensuite X.com, qui deviendra Paypal, racheté en juillet 2002 par eBay pour 1,5 milliard de dollars. Au lieu de s'arrêter là, Musk investit 100 millions de dollars dans SpaceX (l'entreprise destinée à la conquête de Mars), 17 millions dans Tesla (l'automobile électrique) et 10 millions dans SolarCity (l'énergie solaire). Celui qui ose tout fait face à de nombreux revers dans sa carrière entrepreneuriale.

En 2000, alors que X.com est en plein développement, plusieurs employés de l'entreprise mettent en question les aptitudes d'Elon Musk en tant que dirigeant. Le secteur de l'internet bancaire est encore embryonnaire et les obstacles législatifs, techniques et humains sont nombreux. Les conspirateurs profitent d'un séjour de Musk à l'étranger pour le destituer de son poste. Le temps qu'il atterrisse à destination, il est remplacé. À l'époque, il est critiqué sur le rôle qu'il a pu jouer dans ses réussites et son conseil d'administration doute de sa capacité à gérer l'entreprise. [14]

Écarté de Paypal, Musk quitte la Silicon Valley pour s'installer à Los Angeles. Sans trop savoir ce qu'il va y trouver, il revisite ses rêves d'enfant où il était attiré par l'espace. Il se dit alors qu'il est peut-être appelé à des quêtes plus grandes que la création de services Internet. Et il trouve à Los Angeles un vivier propice pour s'investir dans cette voie.

S'il n'avait pas été évincé de Paypal, l'entrepreneur d'origine sud-africaine n'aurait peut-être pas eu la disponibilité pour se poser les questions qui l'ont amené aux projets spatiaux, comme la fondation *Life To Mars* puis l'entreprise SpaceX.

Les traces d'un échec passé ne sont pas les seules à nous hanter. Parfois, c'est l'ombre d'un échec futur qui hypothèque notre détermination. C'est là quelque chose que nous partageons tous : dirigeants, salariés, parents, sportifs, journalistes, étudiants, entrepreneurs ou encore personnes sans travail, prêtes ou pas à l'emploi… Où que nous soyons dans le monde et quoi que nous fassions de nos vies, à un moment survient ce doute qui pèse sur n'importe quelle démarche que nous pourrions entreprendre : *si ça ne marche pas, je fais quoi ?*

L'interrogation est légitime, parce que sans le doute, la peur ou le tressaillement lié à l'enjeu, il n'y a pas de confrontation à nos limites. Ce n'est que lorsque quelque chose compte vraiment que nous frémissons, même si nos vibrations intérieures sont parfois inconfortables.

Et c'est le lot de bien d'entre nous, êtres humains en quête de sens et de sensations, de trouver jusqu'où nous pouvons aller et comprendre ce que nous sommes capables d'accomplir.

C'est aussi le cas des plus intrépides qui cherchent à repousser les limites, ces explorateurs du quotidien qui s'attachent à se dépasser dans leur vie professionnelle ou personnelle, dans une discipline sportive, la maîtrise d'un art ou la pratique d'un hobby, ces chercheurs qui étudient le monde pour en comprendre le fonctionnement.

#ÉCLAIRAGE

Denis Baurain

Denis Baurain est Chargé de cours à l'Université de Liège, où il est également Président du Département des Sciences de la Vie. Durant ses années de formation, à Liège (Belgique), Brisbane (Australie) et Montréal (Canada), il a étudié la génétique moléculaire des plantes et des animaux, ainsi que l'informatique. Il enseigne aujourd'hui la bio-informatique appliquée à l'évolution des espèces et poursuit des recherches sur l'arbre du Vivant.

En tant que scientifique, quelle est ton expérience de l'échec ?

Lorsqu'un chercheur fait une hypothèse sur le fonctionnement du monde, il élabore des expériences qui vont lui permettre de tester des prédictions. Il espère que son hypothèse sorte renforcée de son expérimentation et confirme ainsi son intuition. Ce n'est pas le cas le plus courant : la plupart du temps, les expériences « ratent », en tout ou en partie. Ce résultat n'est pas nécessairement ressenti comme un échec. En effet, ces « falsifications » aident le chercheur à faire évoluer son hypothèse.

Comme les phénomènes naturels sont complexes, les intuitions ne sont jamais tout-à-fait correctes dès le départ. Il faut les affiner progressivement. Si tout était si facile, il n'y aurait pas de chercheurs mais des « trouveurs ». On peut partir d'une hypothèse complètement fausse, voire ignorer carrément ce qu'on cherche, et malgré tout, peu à peu démêler les fils de l'écheveau. Par cette méthode, et grâce à la collaboration entre chercheurs (souvent internationale), notre compréhension du monde avance inexorablement.

Dans le même ordre d'idées, la communauté scientifique ne condamne pas un chercheur qui émet des hypothèses incorrectes, pour peu qu'il soit possible de les tester. Au contraire, une hypothèse audacieuse, qui « donne du travail » aux chercheurs du domaine, vaut à son auteur notoriété parmi ses pairs.

Par contre, la falsification tardive d'une hypothèse ayant survécu à de nombreuses expériences peut être vécue douloureusement par ses promoteurs, surtout lorsque beaucoup d'énergie, de temps et d'argent y ont été investis (pensons par exemple à un médicament qui s'avère dangereux pour l'homme après une expérimentation jusque-là probante sur les animaux).

Comment définis-tu l'échec ?

L'échec, dans le sens de « quelque chose qui rate », fait intégralement partie du métier de chercheur. Que les hypothèses testées soient correctes ou incorrectes importe souvent moins que les expériences qu'elles auront générées car, bien construites, ces dernières feront progresser la Science.

Il arrive aussi que des expériences ratent pour des raisons techniques, ce qui empêche les chercheurs de conclure quant à la validité de leurs hypothèses. Imaginons une expérience sur la photosynthèse qui doit durer trois mois, et durant laquelle les plantes subissent deux traitements différents, par exemple, peu ou beaucoup de lumière. Si certaines plantes sont attaquées par des insectes, ou si la chambre climatisée abritant les plantes tombe en panne, l'expérience échoue sans que la responsabilité intellectuelle des chercheurs ne soit nécessairement impliquée. Pourtant, pareil «échec» est susceptible de faire perdre des mois de travail. Dans ces conditions, la frustration n'est jamais loin. Elle peut même se révéler très intense.

Enfin, une facette spécifique de l'échec dans le milieu scientifique a trait au problème des « publications », et plus généralement à la course à la productivité scientifique. La « valeur » d'un chercheur se mesure en effet au nombre et à la qualité des articles scientifiques qu'il publie dans les revues spécialisées. Or, des expériences ratées sont difficilement publiables. En général, pour rapporter des résultats négatifs, il faut les contrebalancer par des avancées positives.

Par ailleurs, avant publication, les manuscrits sont analysés par des collègues *referees* (que l'on connaît personnellement, de réputation ou pas du tout) qui émettent des commentaires de manière anonyme. Si ces avis ne sont pas catastrophiques (entre 2 et 4 par manuscrit), les auteurs sont invités à répondre par des changements plus ou moins importants (réécriture partielle ou totale, voire nouvelles expériences). Ce processus de *peer reviewing* (révision par les pairs) est conçu pour améliorer les manuscrits avant qu'ils ne deviennent des articles publiés. Toutefois, plusieurs effets pervers peuvent l'accompagner.

Sous couvert d'anonymat, certains se lâchent et émettent des jugements de valeur plutôt que des avis techniques, ou alors exigent des expériences complémentaires irréalistes, soit par excès de pointillisme, soit par revanche aveugle (« *c'est dur pour moi, donc autant que ça soit dur pour les autres* »), soit par tentative de « sabotage » de la compétition.

De plus, les revues scientifiques les plus difficiles d'accès placent un filtre éditorial avant le *reviewing* : la recherche est-elle novatrice, vendeuse, voire « *sexy* » ? Lorsqu'une recherche de plusieurs années se voit ainsi «rejetée» au nom de ces critères bien loin de l'objectivité de la Science, les auteurs, qui se sont souvent beaucoup investis, peuvent prendre cet échec de manière personnelle et se sentir assimilés au travail qu'ils ont fourni.

Parfois, il est heureusement possible de corriger le tir, mais d'autres fois non (parce qu'il n'y a plus de matériel original, plus assez de budget ou que les conditions nécessaires ne sont plus réunies). Certains projets très avancés sont alors abandonnés, sans publication, ce qui représente un échec important pour un scientifique.

Quel est ton super-pouvoir pour y faire face, le surmonter, et en faire un levier de rebond ?

Pour limiter les risques de déconvenue, les chercheurs s'efforcent d'anticiper toute critique en se mettant dans la peau des *referees* potentiels. En pratique, cette attitude prudente est souvent porteuse et contribue à la qualité générale des publications scientifiques.

Toutefois, cette démarche est aussi coûteuse en énergie, temps et argent. C'est pourquoi l'équilibre entre amélioration réelle et raffinement superflu, au risque de se faire coiffer au poteau par des concurrents, est difficile à atteindre.

Le dénominateur commun de tous ces cas de figure, du plus glorieux au plus ordinaire, c'est que la perspective d'un parcours de vie intéressant reste possible, pour autant que nous acceptions l'aventure, ce qui implique nécessairement d'oser nous confronter à l'adversité et aux revers. Rien d'exaltant n'arrive lorsque c'est le calme plat.

Les échecs dont on parle... et ceux dont on ne parle pas

Depuis quelques années, il y a de plus en plus d'intérêt autour de l'échec. Un peu partout dans le monde, des événements lui sont consacrés. Ainsi en est-il, par exemple, des conférences telles que les *FailCon*, *FuckUp Nights*, *Failing Forward*, ou encore *No Fail No Gain*, au cours desquels des entrepreneurs prennent la parole pour partager leurs ratés. La littérature aussi s'empare du sujet – ce livre ainsi que les ressources citées en fin d'ouvrage en sont une illustration.

À chaque fois, les échecs dont on parle sont ceux dont, au final, on se relève, ceux auxquels on survit, ceux qui servent de tremplin au rebond. Dans nos sociétés occidentales, l'échec qui mène à la débâcle complète, à la déroute totale, est encore classé *secret défense* : on n'en parle pas.

Il semble qu'il faut avoir *avalé la pilule*, absorbé le choc et digéré l'échec pour pouvoir s'en dissocier et oser se tourner vers les autres et en parler. Si nous acceptons parfois de révéler nos cicatrices, nous sommes peu enclins à exposer nos plaies ouvertes.

Candidat à l'élection présidentielle française en 2002, Lionel Jospin en sait quelque chose. [15] Quelques jours avant le premier tour, il est annoncé au coude-à-coude avec Jacques Chirac par les sondages – sondages qui entrent dans la catégorie des biais de prévisions comme nous le verrons plus loin dans ce livre. Pourtant, il est recalé dès le premier tour, dépassé par le leader d'extrême droite Jean-Marie Le Pen. Lionel Jospin annonce le soir même son retrait de la scène politique et reste depuis dans une carrière de l'ombre.

Peut-être qu'un jour, l'échec non surmonté fera aussi partie de ce que nous pouvons entendre, appréhender, comprendre. En tout cas, à l'heure d'écrire ces lignes, l'échec dont on parle est celui dont on se relève. C'est la bonne leçon dont nous tirons les enseignements. C'est le mauvais pas dont nous avons pu nous sortir. En ce sens, l'échec est une expérience de la vie qui nous change.

Outre le fait que nous y sommes tous confrontés à un moment ou à un autre, une autre constante de l'échec, c'est qu'il nous transforme. Il nous façonne autrement, même un peu. Serait-ce donc ça, l'échec, un événement dont on ne sort pas totalement indemne et qui laisse des traces ?

L'échec laisse des traces

Lorsqu'une communauté de personnes sur les réseaux sociaux partage ses réponses à la question : « *C'est quoi pour vous l'échec ?* », le résultat donne un mur de mots-clés peu glorieux.

Accrochage, arrêt, bavure, bérézina, bêtise, bévue, bide, blâme, boulette, bourde, branlée, capotage, contretemps, coquille, couac, crash, débâcle, déboire, déception, déconfiture, déconvenue, dérapage, déroute, difficulté, écueil, égarement, électrochoc, erreur, faiblesse, faillite, fiasco, flop, foirade, four, frustration, gaffe, gamelle, gêne, gifle, honte, impair, insuccès, jugement, maladresse, maldonne, manquement, mauvais œil, merde, méprise, mur, naufrage, négligence, pain, pépin, perte, peur, plantage, pieds dans le tapis, poisse, ratage, ratatouille, raté, recalage, revers, scoumoune, sortie de route, sortie de piste, travers, tuile, viandage, veste, vulnérabilité… De la petite bourde à la grosse déroute, l'échec, c'est tout ça à la fois.

L'échec qui blesse et crée des cicatrices

L'échec, c'est la tuile qui nous tombe dessus, la gifle qu'on se prend en plein visage. C'est la merde noire dans laquelle on plonge jusqu'au cou et au-delà quand les événements fâcheux s'enchaînent et nous tirent vers le fond. C'est la souffrance de trébucher et de s'étaler de tout son long dans la boue sans savoir comment on va pouvoir s'en extirper et se relever.

L'échec est ce sentiment si humain de solitude, d'impuissance, de désespoir. Tantôt les bras ballants et les épaules basses, comme une loque, lorsqu'on a été largué par l'amour de sa vie alors qu'on *avait cru si fort que ça durerait toujours*. [16] Tantôt pris dans un étau, enfermé dans ce corps mou d'apparence inerte alors que tout en nous voudrait crier notre rage et notre colère face à une situation que nous n'avons pas choisie et que nous percevons comme injuste. Tantôt le regard vide, hagard, lorsque nous nous sentons démunis, comme KO debout, face aux coups répétés que la vie nous assène et qui ressemblent à un tunnel interminable dont nous ne voyons pas le bout. C'est le trou noir dans lequel nous sommes perdus sans entrevoir d'issue possible.

Êtes-vous atychiphobe ou kakorrhaphiophobe ?
Ce serait drôle s'il s'agissait de noms de dinosaures imprononçables. Pourtant, il est bien question de phobies – racine grecque *phobos* : peur – qui classent ces deux termes parmi les pathologies.

Atychiphobie et kakorrhaphiophobie désignent la peur irraisonnée et persistante de l'échec. Cette crainte exagérée, presque maladive, du risque d'échouer conduit à l'inaction. Plutôt que de tenter sa chance, la personne qui souffre d'atychiphobie préfère ne pas essayer afin d'éviter la déconvenue.

Voici quelques indications qui montrent une tendance à la kakorrhaphiophobie :

- Vous savez ce que vous aimeriez entreprendre, mais vous vous réfrénez
- Vous craignez le regard des autres ou le sentiment de honte lorsque vous faites quelque chose
- Vous savez en quoi vous pourriez vous améliorer, faire mieux ou aller plus loin mais vous trouvez des excuses pour ne pas faire les choses
- Vous vivez mal l'idée même qu'un projet puisse se dérouler autrement que prévu
- Vous avez peur de vous tromper, de décevoir ou de mal faire
- Vous avez déjà réussi par le passé, mais vous n'osez plus prendre de nouvelles initiatives car vous pourriez faire moins bien

- Vous associez à la réussite une forme de pression que vous supportez mal

La réussite peut aussi engendrer la peur et la kakorrhaphiophobie, même si ça semble paradoxal. Après avoir engrangé un premier succès, nous ressentons une forme de paralysie à entreprendre à nouveau, par peur de faire moins bien la deuxième fois. Il nous arrive aussi parfois d'échouer après un premier succès, ce qui peut engendrer la crainte de tenter à nouveau l'aventure.

Les mots que nous utilisons pour exprimer les cas de figure où nous plions, mettons le genou à terre ou nous effondrons sont nombreux. Échec, erreur, faute : ces notions sont proches mais désignent des réalités distinctes. Faisons le tri.

Échec, erreur et faute sont sur un bateau

> **Faute avouée est à moitié pardonnée.**
>
> Proverbe français

La **faute** désigne un manquement, une négligence par rapport à une norme, un principe défini ou un engagement, comme un « *Je t'appelle demain sans faute.* » Y déroger est synonyme de faille, d'écart, de défaillance. D'après Confucius, « *La vraie faute est celle qu'on ne corrige pas.* »

La faute se rapporte aussi à l'action de faire défaut : « *Et le combat cessa faute de combattants.* » (Le Cid, Corneille). C'est le sens de l'expression « *faute de grives, on mange des merles.* » Dans ce cas, on souligne la privation, l'insuffisance, voire l'absence.

La faute se positionne donc par rapport à quelque chose d'établi : faute de goût, faute de frappe, faute d'orthographe, de grammaire ou encore faute de jeu. La référence à une forme de code éthique ou moral est systématique.

” L'erreur est humaine.

Proverbe latin

L'**erreur** est définie comme le fait de se tromper, l'acte de maladresse, comme lorsqu'on *commet une erreur*. C'est aussi un état dans lequel on peut se trouver de manière plus ou moins prolongée quand on *est dans l'erreur*.

Lorsqu'elle est volontaire, l'erreur devient condamnable : la parole devient mensonge, l'acte devient sabotage, l'analyse devient triche ou supercherie.

L'erreur renvoie à une notion de vérité dont on s'écarte. Il s'agit d'une mauvaise opinion, d'une perception erronée que l'on porte et qui conduit à faire fausse route moralement ou intellectuellement.

L'erreur se détecte par rapport à une réalité, souvent considérée comme difficile à remettre en cause : un calcul, une prédiction, une mesure, une statistique ou encore un jugement.

” Le succès, c'est aller d'échec en échec sans perdre son enthousiasme.

Winston Churchill

L'**échec** est une situation, un résultat ou un état non désiré qui fait suite à une action, une entreprise ou une tentative qui n'a pas produit l'effet espéré.

Subir un échec est souvent perçu comme quelque chose qui s'impose à nous. Une notion de durée peut aussi être associé à cet état de fait, comme lorsque nous *sommes tenus en échec*.

Les notions d'insuccès et de perte y sont étroitement liés, ce qui conduit à associer la perception de l'échec à un désavantage, une défaveur, une conséquence fâcheuse.

L'échec se présente donc, en apparence du moins, comme un volte-face de la réussite qui nous échappe soudainement. Le succès nous fausse compagnie. La vie nous fait un pied-de-nez qui nous prive de la joie d'un projet que nous aurions pu entreprendre ou concrétiser.

L'échec en appelle aussi à la notion de faillite, particulièrement dans le contexte professionnel. Dans ce cas, il fait référence à la cessation d'activité, à la mise à l'arrêt définitif de l'entreprise.

”

Il y a en toute réussite une part d'échec.

SIMONE DE BEAUVOIR
philosophe et romancière française

#ÉCLAIRAGE

Laurent Minguet

L'un des points communs entre des compétitions sportives comme les Grands Prix de Formule 1, les Jeux olympiques ou encore les Coupes du monde de football, ce sont les ralentis télévisés. Nous devons le développement de cette technologie à la société belge EVS Broadcast Equipment, référence mondiale du secteur, créée par Pierre L'Hoest et Laurent Minguet. Celui qui commença sa carrière entrepreneuriale en dispensant des cours de mathématiques et de sciences poursuivait déjà un objectif plus large : tôt, Laurent Minguet a voulu miser sur la technologie pour assouvir sa soif d'entreprendre. Fort de ce succès, l'entrepreneur belge a diversifié ses activités et investi dans des domaines aussi variés que la restauration ou le transport de fret par dirigeable.

En tant qu'entrepreneur, quelle est ton expérience de l'échec ?

En 1984-1985, je participe au développement de la société EVS (*Études Vidéo Simulation*). [17] Le Service Public belge de la Politique Scientifique sélectionne notre projet de développement d'une machine vidéonumérique spécifique pour travailler l'image. Dans les années qui suivent, nous décrochons l'illustration des bulletins météo puis des journaux télévisés de la RTBF (Radio-Télévision Belge de la communauté Française).

La Guerre du Golfe sous l'administration Bush entraîne un ralentissement économique. Les recettes publicitaires sont en chute libre et les coûts financiers montent en flèche : notre carnet de commandes s'écroule. En 1992, EVS est déclarée en faillite.

Un syndicat de repreneurs se réunit et New EVS voit le jour. Le répit est de courte durée : début 1994, le Tribunal de commerce prononce la mise en liquidation de l'entreprise. Nous cherchons du financement auprès de nos proches afin de relancer l'activité prometteuse. EVS Broadcast & Equipment voit le jour courant 1994 et séduit une vingtaine de clients, dont la BBC. 1996 sera année olympique et nous y brillerons aussi. Dans son sillage, l'explosion du numérique va accélérer la croissance d'EVS.

Depuis lors, j'investis dans différents domaines d'activités et industries avec plus ou moins de bonheur. Le secteur de l'Horeca, par exemple, est très particulier. Un cuisinier qui veut ouvrir son enseigne doit faire face à un investissement de départ conséquent (entre 100 000 et 150 000 euros, sans compter la constitution d'une bonne cave à vins qui peut aller jusqu'à 50 000 euros).

Plutôt que de financer le capital, je suis parti de la volonté d'offrir une solution clé-sur-porte : mettre à disposition le restaurant et le vin. Le restaurateur apporte un capital léger et prend en charge les frais de fonctionnement. Beaucoup de restaurateurs sont honnêtes, mais quelques-uns ont moins de scrupules : j'ai été confronté à plus d'un mauvais payeur. Pas rancunier, j'ai réutilisé ma formule et suis toujours propriétaire de 2 restaurants qui fonctionnent suivant ce modèle.

Comment définis-tu l'échec ?

L'échec entrepreneurial est souvent associé à une faillite. C'est la mort de l'entreprise. Ce qui est triste, c'est quand une faillite ne mène à rien et que tout est démantelé. Quand une société qui a fait faillite est reprise, les dégâts sont limités. Ce fut le cas d'EVS : ce qui avait été développé a continué à être développé et le savoir-faire a pu être exploité.

J'ai investi dans plusieurs sociétés qui ont fait faillite. Les centaines de milliers d'euros que j'y ai consacrés ont fondu. Ce n'est pas un échec, c'est un mauvais investissement. L'échec concerne plutôt les cas où tu es toi-même actif, comme lorsque tu perds de l'argent ou que tu n'arrives pas, par ton travail, à faire que ta société s'en sorte. Mais ça ne veut pas dire que tout ce qui a été fait ne sert à rien. Au contraire, cet échec-là a de la valeur : c'est le prix pour apprendre.

Le problème en Belgique francophone ne vient pas du financement, mais des trop nombreuses réglementations et contraintes lorsqu'on lance son entreprise : la main d'œuvre est chère, l'administration est lourde, le système est complexe.

Depuis plusieurs années, je travaille à l'utilisation de dirigeables pour le transport de fret. La réglementation aérienne actuelle n'est établie que pour les avions, c'est-à-dire des objets métalliques lourds remplis de kérosène et qui vont à 1000 km/h. Or, un dirigeable avance à 100 km/h et est léger puisqu'il est rempli d'hydrogène. Les contraintes ne sont donc pas adaptées à notre cas de figure, mais comme il n'existe pas de réglementation spécifique, nous devons nous y conformer. Comme souvent, le vrai challenge n'est pas technique, mais administratif : obtenir les autorisations pour faire décoller un dirigeable est plus compliqué que la conception du dirigeable lui-même. C'est insensé.

Par contre, la situation peut devenir un avantage quand tu innoves dans un secteur qui, précisément, n'est pas encore réglementé. C'était le cas lorsque nous avons lancé EVS : nous n'avions de contraintes réglementaires que les exigences normatives de nos clients.

Quel est ton super-pouvoir pour y faire face, le surmonter, et en faire un levier de rebond ?

Le truc, c'est de ne jamais investir toutes ses billes. Tu dois pouvoir toujours mesurer ce que tu risques de perdre. Il faut être capable d'être dépossédé de tout ce qu'on a mis dans un nouveau projet, mais pas plus, faute de quoi on ne sait pas rebondir.

Pour le reste, tous les cas sont différents et il n'y a pas un conseil universel. Une règle importante dans ma vie est de toujours se remettre en question. Ne jamais considérer comme acquis qu'une manière de faire est la meilleure. À tout moment, une innovation peut secouer un système ou un secteur, comme ce fut le cas pour Kodak qui a manqué le virage du numérique.

Pratiquer une veille technologique et marketing (est-ce que le marché, la technologie et la concurrence sont en train de changer ?) est une attitude intelligente pour s'adapter et progresser. C'est ce qui nous permet de reconnaître qu'on est dans l'erreur, qu'une réalité d'hier n'est plus vraie aujourd'hui, que les choses changent.

Erreur de perceptions et biais cognitifs : quand notre cerveau nous trompe

L'échec, c'est aussi quand notre cerveau a des ratés dans la lecture d'une situation. Entre l'intention incorrecte que nous prêtons à l'autre et l'avis que nous nous faisons d'un fait divers, notre cerveau est le spécialiste des traitements erronés de l'information.

Lorsque nous nous trompons dans notre compréhension, nous créons une mauvaise représentation. Nous nous plaçons alors à mi-chemin entre l'erreur de réflexion et, lorsqu'elles en découlent, l'échec de nos initiatives.

De l'erreur de réflexion à l'échec de l'action

Les spécialistes identifient trois catégories principales d'erreurs de réflexion. [18] Elles nous conduisent toutes les trois à prendre des décisions potentiellement malheureuses dont les conséquences peuvent mener à une impasse.

Les **perceptions erronées** représentent l'ensemble des interprétations loupées d'événements. Elles traduisent l'échec de notre analyse et se manifestent sous deux formes complémentaires qui introduisent la disproportion dans notre grille de lecture.

Lorsque nous amplifions un problème, nous gonflons la situation concernée d'émotions négatives qui augmentent d'autant notre inquiétude. C'est le cas lorsque nous faisons d'un événement surmontable une montagne infranchissable. Souvenons-nous de l'exemple de l'hydre en début de chapitre.

Le meilleur moyen de limiter l'amplification et l'escalade est de partager la situation pour recueillir l'avis des autres, en nous entourant de personnes positives et constructives. La mise en perspective qu'elles nous offrent peut nous aider à relativiser ou entrevoir un autre chemin pour traverser la difficulté.

INSPIREZ-VOUS

Lorsque Clint Eastwood veut faire carrière dans l'industrie cinématographique, un producteur lui refuse un rôle, arguments à l'appui : *« Vous avez une dent cassée, votre pomme d'Adam est trop proéminente et vous parlez trop lentement. »* [19]

À l'inverse, nous pouvons aussi réduire volontairement l'impact des événements positifs. Quand nous refusons de voir les petits progrès et les victoires d'étapes intermédiaires, nous nous focalisons sur tout ce qui reste à accomplir. Nous nous concentrons sur l'ampleur du chemin encore à parcourir et disqualifions les accalmies en prétendant qu'elles ne comptent pas tant que ça ou qu'elles ne nous soulagent pas vraiment. Accepter de reconnaître à leur juste valeur nos avancées, aussi minces soient-elles, c'est faire un pas pour voir une situation telle qu'elle est, ni mieux ni pire.

INSPIREZ-VOUS

En 1928, Fred Astaire effectue ses premiers essais à l'écran. Une entreprise cinématographique remet un verdict sans appel sur sa prestation : *« Ne sait pas jouer. Ne sait pas chanter. Légèrement chauve. Sait un peu danser. »* [20]

La catégorie de la **pensée clairvoyante** désigne notre propension à nous croire capables de deviner ce que les autres pensent, de prédire ce qui va arriver ou de tirer les conclusions d'une situation dont nous ne savons pas assez pour nous prononcer.

Une personne qui fronce les sourcils en nous écoutant est en désaccord. Un collègue se désintéresse de nos propos parce qu'il regarde son téléphone. Ces exemples illustrent les situations où nous présumons pouvoir lire dans les pensées. La personne d'apparence soucieuse est peut-être plongée dans l'histoire que nous lui racontons. Notre collègue est peut-être en pleine prise de notes.

Nous devenons diseurs de bonne aventure lorsque nous pronostiquons l'avenir uniquement sur base de notre ressenti et de nos impressions sans nous appuyer sur des faits. Lorsque nos émotions se mêlent à notre interprétation de ce qui peut arriver, nous oublions parfois de les mettre en contexte pour disposer d'une vue plus neutre et plus large des possibilités. C'est le cas dans les prévisions catastrophistes du type : « *Quelque chose de terrible va arriver. Je ne sais pas pourquoi, je le sais, je le sens, c'est tout.* » Quand nous ne disposons pas d'éléments suffisants pour permettre à notre intuition ou à notre logique d'opérer, nous échouons souvent à porter un regard nuancé sur une situation.

La variante des conclusions hâtives ne concerne pas l'avenir, mais bien un événement déjà passé dont nous tirons un bilan en jouant aux devinettes. Si Brad et Angelina se séparent, c'est qu'il y a eu tromperie. Pratiquer l'exercice de façon répétée revient à tirer à l'arc les yeux bandés : il arrive de temps en temps de viser dans le mille, mais la majeure partie du temps, on risque surtout de blesser les autres, voire de se blesser soi-même.

INSPIREZ-VOUS

En 1946, Darryl Zanuck, directeur de la 20th Century Fox prophétise : « *La télévision n'aura de succès que pendant six mois. Le public se lassera vite de regarder passivement un meuble en bois tous les soirs.* » [21]

Quant au leader du groupe Dire Straits, Mark Knofler, il s'est entendu dire par un conseiller d'orientation : « *Vous n'irez nulle part avec ce genre de musique.* » [22]

Le meilleur moyen d'éviter le piège de la conclusion hâtive, de même que la pensée clairvoyante en général, est d'éviter de faire des suppositions. D'accord pour poser des hypothèses que nous cherchons à confirmer ou invalider. Mais imaginer des tas de choses sans chercher à les vérifier, se faire des idées et finir par les considérer comme vraies à force de les ressasser, non. [23]

Dernière catégorie d'erreur de réflexion, la **vision tubulaire** désigne l'analyse d'une situation à travers un « tube » trop étroit qui nous empêche de voir les informations périphériques importantes. En réduisant le contexte et en limitant les éléments de notre grille de lecture, nous échouons à disposer d'une vue globale sur une thématique, un événement ou une personne.

La conséquence de la vision tubulaire est la simplification à outrance qui nous conduit à penser en noir et blanc, bon ou mauvais, succès ou échec. Chaque coup manqué est un raté.

Dans son livre *Y a-t-il des perfectionnistes heureux ?*, Monica Ramirez Basco explique : « *Il ne suffit pas d'approcher du but. Il faut y arriver. Mais parce que ce genre de succès est difficile à obtenir et qu'il ne se produit que rarement, le reste du temps, vous avez l'impression d'avoir raté votre vie, même si vous êtes fréquemment passé tout près du but. Vous vous dites que vous n'y arriverez jamais. »* [24]

L'échec qui résulte de nos perceptions erronées prend des formes parfois insidieuses, surtout lorsqu'il se loge au cœur du fonctionnement de notre cerveau. D'une simple illusion d'optique à un biais de perception, nous sommes en permanence sous le coup de ces travers de la pensée que les psychologues appellent biais cognitifs.

Biais et erreurs de jugement

Vouloir partager l'ensemble des erreurs de jugement constituerait un excès de confiance. Ça tombe bien : c'est l'un des nombreux biais cognitifs identifiés par les chercheurs. En voici quelques-uns à titre d'illustrations. [25]

L'**excès de confiance** postule que nous avons systématiquement tendance à surestimer nos connaissances et nos capacités. Le plus étonnant ne se trouve pas dans la mesure de ce que nous connaissons effectivement ou pouvons accomplir, mais dans le fait que les connaisseurs en sont encore plus victimes que les débutants. Rolf Dobelli l'expose : *« Un professeur d'économie se trompe autant dans l'évolution du prix du pétrole sur cinq ans que celui qui n'y connaît rien à l'économie. Mais à la différence du profane, il le fait en manifestant une confiance excessive. »* [26] Lorsqu'il s'applique à prédire l'avenir (que ce soit les résultats d'une rencontre sportive, le gagnant des prochaines élections ou l'évolution des prix), l'excès de confiance devient le biais d'illusion des prévisions. [27]

INSPIREZ-VOUS

L'invention du téléphone n'a pas séduit tout le monde. Au Royaume-Uni, William Preece, ingénieur en chef de la British General Post Office déclara : « *Les Américains ont besoin du téléphone, mais pas nous. Nous disposons de nombreux messagers.* » [28]

La **pensée de groupe** se manifeste lorsqu'un ensemble d'individus intelligents prend des décisions collectives absurdes. Comment est-ce possible ? L'esprit de corps, la recherche de consensus et le sentiment d'appartenance mènent chacun à ajuster son opinion et ses choix par rapport aux autres. Ce qui mène parfois à une décision collégiale qu'aucun membre n'aurait validée individuellement.

73 secondes après son décollage, la navette spatiale *Challenger* se désintègre en plein vol le 28 janvier 1986, entraînant la mort des 7 membres de l'équipage. Plusieurs ingénieurs avaient pourtant recommandé de repousser le lancement. En cause le froid extérieur des nuits précédentes qui pouvait produire un impact sur les joints d'étanchéité des deux fusées à carburants solides, les *boosters*, utilisées au décollage.

Malgré l'avis formellement contraire de plusieurs techniciens pris isolément, la décision collective fut de maintenir le lancement. Plusieurs enjeux y étaient associés : éviter un nouveau report (le lancement avait déjà été postposé à trois reprises), limiter l'impact sur l'image de marque et préserver le potentiel commercial.

Chargée de l'enquête, la commission Rogers mettra en cause le processus décisionnel de la NASA qui, depuis la direction générale jusqu'aux managers, témoigne d'une persévérance dans l'erreur et a « *collectivement produit, dans les règles, des normes, des procédures et des pratiques qui les ont fait dévier progressivement de la sécurité maximale possible.* » [29]

Le **biais d'autorité** repose sur l'idée que nous mettons notre liberté de penser et notre libre arbitre en sommeil face à une figure d'autorité – c'est probablement la raison pour laquelle j'attribue personnellement peu de crédit ou de valeur au titre d'expert. Sur le papier, l'affirmation prête à sourire. Pourtant, dans la pratique professionnelle, il existe une foule d'exemples de collaborateurs qui s'inclinent ou ne bronchent même pas devant un chef d'entreprise aux idées parfois contraires au bon sens.

INSPIREZ-VOUS

Entre 1960 et 1963, Stanley Milgram mène une série de tests psychologiques dont le plus célèbre est celui des chocs électriques infligés à une personne qui fournit une mauvaise réponse à une question posée. Le sujet et l'expérimentateur (la figure d'autorité) sont choisis au hasard. Pourtant, ce dernier, dès lors qu'il porte des signes considérés comme caractéristiques de l'autorité (blouse blanche, stylo dans la poche de la veste, titre d'expert), devient le donneur d'ordre auquel le sujet va obéir dans plus de 60% des cas. Plusieurs tests effectués depuis confirment les résultats de Milgram. [30]

Le **biais d'autocomplaisance**, quant à lui, consiste à nous reconnaître la responsabilité de nos réussites – *Je suis le meilleur* – et à la rejeter en cas d'échec – *C'est pas ma faute.* Nous faisons tous l'expérience de ce biais à l'école : nos bonnes notes sont dues à notre intelligence ou à notre agilité à éviter les pièges. Nos mauvais résultats, eux, proviennent des questions peu claires ou du professeur qui cherche à nous coincer, bien entendu.

INSPIREZ-VOUS

John McEnroe est le sportif qui incarne certainement le mieux le biais d'autocomplaisance. Ce joueur de tennis fait une belle carrière durant la fin des années 1970 et jusqu'aux années 1990. Son palmarès se compose de victoires dans 7 tournois du Grand Chelem, 3 Masters et 5 finales WCT (*World Championship Tennis*). [31]

Numéro un mondial durant 4 ans, McEnroe ne supporte pas l'échec. Quand il rate un point, il s'emporte et trouve un bouc-émissaire. Un rapide tour sur YouTube confirme que c'est l'arbitre qui en prend le plus souvent pour son grade. Entrent aussi dans sa ligne de mire les spectateurs, les raquettes et le matériel (jusqu'à la sciure pour absorber la sueur des mains durant les matchs), l'adversaire ou encore les équipes techniques (photographes, caméramans, preneurs de sons). Quand il gagne, McEnroe est le plus fort. Quand il perd, c'est toujours à cause d'un facteur externe.

De son propre aveu, le joueur de tennis confirme avoir échoué à accomplir pleinement son potentiel. [32]

> Preuve que le rapport à l'échec permet malgré tout d'accomplir de grandes choses, ce champion a déclaré, sans pour autant se remettre vraiment en question : «*Peut-être aurais-je dû jouer deux Australian Open de plus et deux Coupes Davis de moins ? J'aurais ainsi pu avoir plus d'Open et toujours avoir trois Coupes Davis, alors que la plupart des gens n'en ont même pas.*» [33]

De toutes ces situations où notre cerveau nous trompe résultent des décisions et des manières d'agir que nous pouvons à un moment ou un autre regretter. Elles nous sont plus ou moins préjudiciables et la plupart du temps défavorables. S'il est clair que John McEnroe n'est pas le plus à plaindre, les membres d'équipage de Challenger et leur famille ne peuvent pas en dire autant.

C'est la troisième constante de l'échec : il frappe chacun d'entre nous, il nous transforme par les traces qu'il laisse, et il nous renvoie à nos imperfections en touchant intimement à notre psychologie.

- Tu te souviens de ce que je t'ai dit exactement ?
«C'est peut-être bien ce procès-là que tu dois perdre.»
Tu n'étais pas d'accord…

- Perdre ? Je ne perds pas moi. Je gagne… Je gagne !
Je suis avocat. C'est mon boulot, c'est mon métier…
C'est ça que je fais !

- Fin de ma plaidoirie.
La vanité, c'est décidément mon péché préféré.

Dialogue entre
John Milton (Al Pacino) et Kevin Lomax (Keanu Reeves),
personnages du film L'associé du Diable
(réalisé par Taylor Hackford, *Warner Bros.*, 1997)

DEUXIÈME PARTIE

La psychologie de l'échec

Marcel : mon deuxième échec

On ne se souvient pas toujours des moments vécus dans la petite enfance. Pourtant, je me souviens très bien de Marcel, mon ami d'enfance. Je ne vous parle pas de l'ami qu'on rencontre lorsqu'on a 8 ou 10 ans. Non, Marcel, j'ai fait sa connaissance tout petit. Nous devions avoir 3 ou 4 ans quand nous nous sommes rencontrés à l'école maternelle.

Nous sommes devenus amis comme le sont les enfants de cet âge. Nous partagions nos jeux, nos rires, nos pleurs. Nous nous aimions et nous disputions comme le font les tout-petits.

Tout allait bien pour la paire d'amis complices que nous formions jusqu'à notre entrée à l'école primaire, équivalent belge et québécois de l'école élémentaire en France. À l'âge de 6 ans, Marcel change d'implantation scolaire. Nous nous voyons alors de manière beaucoup plus épisodique, mais le lien entre nous reste intact. Chaque fois qu'on se retrouve, c'est comme si on s'était seulement quitté la veille.

Vers l'âge de 14 ans, nos routes se rejoignent à nouveau par l'intermédiaire du sport. Sur les terrains de football (*soccer* au Québec et en Amérique du Nord), on s'apprécie, on se comprend vite, on rit des mêmes choses. Durant quatre années, on ne se voit pas vraiment en dehors des terrains, mais on sait qu'on est là, chacun dans nos vies d'ados et que l'on peut compter l'un sur l'autre.

Du moins c'est ce que je crois. Le 09 octobre 1996, jour d'entraînement, Marcel est absent. Après le match hebdomadaire du dimanche, il ne m'avait rien dit. Je me souviens très bien l'avoir croisé dans le village le lundi ou le mardi. J'avais entendu crier : « *Hé Fred, ça va ?* » À l'autre bout de la rue, même si je ne l'avais pas reconnu au premier coup d'œil, Marcel m'avait fait de grands signes. « *Ça va et toi ?* » lui avais-je répondu. « *Ça va. On se voit à l'entraînement,* » avait-il promis.

Pourtant, nous voici mercredi et il n'est pas là. Je ne sais plus trop comment nous apprenons la nouvelle, mais elle tombe comme un couperet : ce jour-là, Marcel s'est donné la mort. En silence, sans laisser paraître quoi que ce soit, mon ami d'enfance s'est suicidé.

Marcel a disposé de sa vie et il en avait le droit, bien entendu. Mon échec à moi, c'est de ne rien avoir vu venir. Je n'ai pas été capable de déceler que quelque chose n'allait pas. Je n'ai pas pu être là pour mon ami. Je n'aurais peut-être pas pu l'empêcher de passer à l'acte. À l'époque, je ne sais même pas si j'aurais eu cette prétention, ni même si j'aurais pu identifier quoi que ce soit s'il s'était confié. Mais j'aurais tant voulu être celui à qui il aurait pu parler. Les amis, c'est aussi ça, non ? J'ai échoué à être la bonne personne à ses yeux, celle avec qui partager ce qui le tourmentait. Peut-être que ça n'aurait rien changé. Ou peut-être que Marcel serait toujours là aujourd'hui.

S'autoriser une autre approche

À quoi ressembleraient nos journées si elles démarraient, comme certains ordinateurs peuvent le faire, en mode « sans échec » ? Toutes les enquêtes criminelles se solderaient par l'arrestation des malfaiteurs. Les essais seraient transformés à tous les coups. Chaque tir finirait sa course au fond des filets. La flèche dans le mille. *Strike* assuré, jackpot systématique. [34]

Si ces hypothèses sont concevables d'un point de vue intellectuel, sont-elles valides pour autant ? Vous avez certainement déjà relevé que, sans échec, l'inverse devrait aussi se vérifier. Les malfaiteurs parviendraient à se tirer d'affaire et échapper aux enquêteurs. Les arrières stopperaient les assauts des attaquants et les gardiens de but intercepteraient toutes les frappes. On tourne en rond. Par définition, cet énoncé est paradoxal et invérifiable en pratique.

"Il n'y a aucune raison pour que quiconque désire avoir un ordinateur chez soi.

KEN OLSEN,
Digital Equipment Corp. (DEC), 1977 [35]

Activer le mode « sans échec » ne vaut que pour les ordinateurs

Activer la vie en mode *sans échec* peut séduire de prime abord. C'est tentant non ? Il suffit pourtant d'y regarder d'un peu plus près pour déchanter assez vite.

Le fonctionnement *sans échec* vient du système d'exploitation Windows, développé par Microsoft. Cette option est activable dans les paramètres de démarrage de l'ordinateur. Ce mode d'initialisation implique plusieurs conséquences.

Pour démarrer sans échec, l'ordinateur se prive de certaines fonctionnalités. Il est opérationnel, mais uniquement avec les pilotes de base. Il est en quelque sorte en mode survie et bridé à bien des égards, ce qui entrave son utilisation courante (à titre d'exemple, la connexion à Internet est désactivée).

On recourt la plupart du temps au mode *sans échec* après un problème rencontré (type plantage). Il s'agit d'un redémarrage de la machine en mode mineur. L'initiative perd un peu son côté flamboyant, du coup, puisqu'il s'agit d'une solution de dépannage de l'ordinateur qui dysfonctionne. Nous sommes d'emblée dans une configuration qui n'est pas optimale. On a vu mieux pour construire sur des bases solides.

Si l'on accepte de poursuivre le parallèle avec l'informatique, opter pour une vie en mode *sans échec*, c'est miser sur une existence qui assure avant tout la survie, mais qui est résolument dépourvue de certaines fonctionnalités qui enrichissent l'expérience que nous en faisons au quotidien et qui lui donnent sa saveur. C'est aussi tabler sur des perspectives réduites à un périmètre de sécurité où nous restreignons nos champs de liberté suite à une ou plusieurs déconvenues. Enfin, c'est bâtir au départ d'une existence entravée qui serait à réparer, à dépanner, et non à partir d'une vie dont l'assise que nous lui donnons sert de tremplin pour faire mieux, aller plus loin ou au-delà de ce que nous croyons possible. Dans l'expérience un peu terne de la vie sans échec, quelle place reste-t-il pour l'inattendu, l'imprévisible, la surprise (bonne ou mauvaise d'ailleurs) ?

À moins d'être reclus ou de devoir gérer certains troubles de personnalité qui tiennent éloignés ceux qui en sont victimes de la vie courante, une existence habituelle peut difficilement se concevoir sur une base *sans échec*. Les aléas de la vie font pleinement partie de l'existence et c'est peut-être eux qui lui donnent tout son relief, tant agréable que déplaisant.

L'échec qui prête à sourire

Heureusement, tous nos échecs ne sont pas dramatiques. Il nous arrive de nous planter sans que les conséquences soient nécessairement désastreuses. Certaines déconvenues peuvent même prêter à sourire.

En la matière, la communication des marques est un coffre aux trésors qui regorge d'anecdotes. Les erreurs dans le message que les entreprises ont voulu faire passer sont souvent drôles ou cocasses. [36] Dans son livre *100 flops de grandes marques*, Matt Haig affirme : « *En cet instant même, quelque part dans le monde, un manager vêtu de son plus beau costume vend une nouvelle idée à ses supérieurs qui acquiescent aussi joyeusement que les passagers du Titanic au moment de l'embarquement.* » [37]

Les ratés de communication des marques : florilège

Electrolux est leader mondial de l'électroménager. Pour gagner le cœur des Américains, l'entreprise suédoise veut leur dire que rien n'aspire comme l'un de ses aspirateurs. Elle annonce donc fièrement *Nothing sucks like an Electrolux.* Le slogan en anglais donne en fait *Rien ne craint plus qu'un Electrolux.*

La marque allemande Gerber conçoit des produits alimentaires pour bébés dont les étiquettes représentent le visage angélique d'un petit garçon. L'entreprise utilise ce référentiel partout dans le monde. Elle néglige cependant un détail de taille lorsqu'elle investit l'Afrique : beaucoup de gens ne savent pas lire et les entreprises occidentales illustrent généralement sur l'étiquette ce que contient l'emballage.

La marque de stylos bien connue Parker a fait sensation au Mexique. Son slogan *It won't leak in your pocket and embarrass you* dit bien ce qu'il veut dire : il ne fuira pas dans votre poche et vous évitera ainsi l'embarras. Mais quand *embarras* est traduit par *embarazar*, le slogan espagnol devient : *il ne fuira pas dans votre poche et vous évitera ainsi de tomber enceinte.* [38]

Les déclarations en tout genre peuvent aussi faire rire, surtout lorsqu'elles échouent dans leur prédiction ou leur tentative d'anticipation. Ainsi, le label britannique Decca dira à Brian Epstein, manager des Beatles : « *Retournez à Liverpool, M. Epstein, les groupes à guitares vont disparaître.* » [39] La maison de disques déclarera dans la foulée que les groupes ne correspondent plus aux attentes du public.

De manière générale, l'indulgence est de rigueur : d'une part pour Decca dans ce cas précis, puisque son label London signera les Rolling Stones et d'autre part, pour éviter le piège de la vision tubulaire. En effet, il convient de remettre les déclarations dans leur contexte : si elles prêtent aujourd'hui à sourire, elles sont souvent compréhensibles au moment où elles sont formulées. [40]

Mettre en perspective, apporter un autre regard, voire tourner en dérision, c'est le propre des arts, notamment du cinéma et de la bande dessinée. Quand ils mettent en scène les ratés de la vie quotidienne, les arts adoucissent leur amertume.

Qui mieux que Gaston Lagaffe peut aider à dédramatiser l'échec ? Le célèbre personnage de BD voit le jour sous les traits du dessinateur belge Franquin en 1957. Celui qu'on qualifie d'anti-héros est surtout un héros d'un genre décalé [41] : la mise en œuvre de ses caractéristiques héroïques aboutit souvent à un résultat loufoque et drôle.

De simple employé de rédaction nonchalant qui cherche toutes les échappatoires pour éviter de travailler, le personnage de Gaston devient vite l'habile imaginatif qui trouve une batterie d'astuces pour se faciliter la tâche. Il passe ainsi du statut d'endormi amorphe à celui d'ingénieux futé.

Au fur et à mesure de ses pérégrinations, Gaston Lagaffe engrenge plusieurs victoires : expériences qui fonctionnent, solutions qui marchent, pirouettes réussies qui évitent le faux-pas. Cette évolution témoigne que le personnage est sorti de son rôle uniquement catastrophiste d'anti-héros purement *loser*.

Le saviez-vous ?
Il y a une fonction de *catharsis* liée à la mise en scène de l'échec dont on rit. La catharsis est le processus psychologique par lequel une reproduction extériorisée de nos émotions (passions, pulsions et traumatismes) permet de nous libérer de leur emprise.

Aristote est le premier à émettre l'hypothèse que le théâtre est une représentation qui permet au spectateur de se délivrer de ses émotions lorsqu'il assiste à une tragédie.

C'est l'une des clés de l'échec dont on finit par sourire : faire l'expérience d'un échec mis en situation avec humour ou manifesté avec légèreté peut contribuer à alléger le poids qu'il fait peser sur nos épaules et atténuer la douleur des cicatrices qu'il laisse. Elles sont bien présentes, mais elles deviennent plus supportables. Et s'il arrive quelque fois qu'elles nous chatouillent, nous sommes en bonne voie pour prendre la distance nécessaire au rebond.

#ÉCLAIRAGE

Pascal Meyer

Le monde entier connaît la marque Coca. En Suisse, Pascal Meyer a lancé QoQa.ch au départ d'un simple pari avec l'un de ses anciens professeurs de marketing. La plateforme fédère une communauté d'achat en ligne de produits à prix exclusifs. Cet entrepreneur atypique a quelque chose de Richard Branson : Pascal a le même dynamisme et le même penchant pour le fun et la fête, fidèle à sa devise : « Bien se marrer, faire de bonnes bouffes. » Depuis tout petit, celui qui est surnommé « Loutre en chef » chez QoQa aime partager des bons plans avec ses amis. Depuis 2005, Pascal le fait avec son équipe pour plus de 450 000 personnes qui constituent aujourd'hui sa communauté de « QoQasiens. »

En tant qu'entrepreneur, quelle est ton expérience de l'échec ?

Chez QoQa, des remises en question et des ratés, on en a tous les jours. Puisque nous proposons chaque jour un nouveau produit à notre communauté, certains fonctionnent et d'autres pas. Parfois c'est le produit lui-même qui ne plaît pas, parfois c'est sa présentation. En fait, c'est tellement normal que l'échec est entré dans notre quotidien : il symbolise notre «barrière d'apprentissage». Il est logique que tout ne fonctionne pas à tous les coups.

C'est à nous de trouver le moyen de retourner la situation pour la voir positivement et prendre les décisions rapides et efficaces qui permettront de s'en relever. Pour y arriver, nous n'avons pas peur de dire quand nous avons merdé. La communauté des gens qui nous regardent et nous écoutent auront beaucoup plus de compassion que si nous cherchons à « *cacher la merde au chat* » comme on dit en Suisse.

Un échec que nous avons essuyé est l'arrêt de l'activité de QoQa en France (qoqa.fr) le 01 avril 2016 après huit ans d'activité. Nous sommes une entreprise dont la maison-mère est en Suisse. Avec l'entité lancée en France, l'administration française s'est imaginée que nous faisions de gros bénéfices sur son territoire et que nous ramenions les capitaux en Suisse. Ce n'était pas du tout le cas : nous étions en phase d'implantation sur le marché français. Nous y avons injecté un million d'euros que nous avons perdu, ce qui représente une somme colossale pour nous. Le poids de l'administration, les suspicions infondées et les contrôles à répétition nous ont poussés à cesser nos activités là-bas, malgré nos investissements et les personnes extraordinaires qui nous faisaient confiance. Il y a beaucoup de gens compétents et cool en France, mais le système en place contredisait nos valeurs et a fait que nous avons dû nous résigner.

Autre exemple, qui prête plutôt à sourire, celui du *New wired phone*. Nous avons lancé ce gag en vidéo [42] : en parodiant les publicités Apple, nous annonçons un téléphone constitué de deux boîtes de conserve vides reliées entre elles par une ficelle. Notre communauté a trouvé ça drôle et nous a pris à notre propre piège : 1200 packs du *New wired phone* ont été commandés quand nous avons retiré le formulaire de commande du site. Nous nous sommes retrouvés en situation embarrassante (mais très marrante) de devoir livrer 2400 boîtes de conserve vides à l'identique.

Pour rebondir la tête haute et éviter que notre communauté ne se moque de nous, nous avons envoyé à chaque personne deux boîtes de conserve… pleines avec une recette de sauce tomate « faite maison ». Nous avons aussi fourni la ficelle pour assembler le *New wired phone* en temps voulu et notre communauté a énormément apprécié ce revirement de situation.

Comment définis-tu l'échec ?

Chaque jour, nous nous exposons à des critiques ou à des incompréhensions. C'est important d'avoir cette variable d'échec à l'esprit. C'est intéressant et même vital de nous y confronter pour progresser et garder le lien avec notre communauté.

De manière générale, c'est en se prenant quelques claques que l'on peut revenir les pieds sur terre, avoir ses idées à la bonne place et se remettre en question quand il le faut. Voilà qui est fondamental pour gérer l'échec.

Notre pire ennemi serait le succès. Si nous réussissons un beau coup et que tout le monde est unanime, nous risquons de nous reposer sur nos lauriers, de prendre trop confiance en nous et de ne plus nous remettre en question. C'est là que le danger se trouve.

Heureusement, mes collègues, mes parents, ma chérie sont là pour que je garde la tête froide. Ma maman disait cette phrase énorme : « *Tu as à apprendre de tout le monde.* » Chaque personne a son bagage, sa richesse, peu importe sa condition ou ses origines. L'entourage compte beaucoup.

L'échec est donc une leçon de vie qui te permet d'aller plus haut. Sans échec, tu vas moins facilement atteindre les sommets que tu rêves d'atteindre. L'échec va te façonner pour être meilleur demain. Si tu n'es pas façonné, tu as moins d'expériences que celui ou celle qui est déjà passé par là. Tu es plus lisse. Pour moi, c'est cool de se dire qu'on est bien vivants, même si ça implique d'avoir des cicatrices.

Quel est ton super-pouvoir pour y faire face, le surmonter, et en faire un levier de rebond ?

C'est un peu comme un flipper : si la boule va tout droit dans le trou, tu ne gagnes pas le maximum de points. Ce sont les *bing* et les *bang* qui font que ton score monte. Pour arriver à voir les choses comme ça, chacun peut s'appuyer sur deux attitudes :

- Croire en soi et en ce qu'on fait. Si quelqu'un se prend une monstre-claque mais qu'il sait ce qu'il fait, il pourra se relever et avancer, même si ça fait mal et que c'est difficile.
- Penser à l'hélicoptère : prendre une distance, un détachement, du recul par rapport à la situation en cours pour sortir la tête de l'eau. C'est ainsi qu'on peut identifier les actions qui mènent à l'échec. C'est aussi ce qui permet de voir les actions possibles et à prendre. Du coup, avec l'avis et l'aide de personnes bienveillantes de l'entourage, on peut réorienter l'énergie dans la bonne direction. C'est ce qui rend nos vies cool et enrichissantes.

”

Le succès est un mauvais professeur. Il pousse les gens intelligents à croire qu'ils sont infaillibles.

JULES RENARD
écrivain français

L'échec qui permet de rebondir

Au-delà d'une première série de perceptions négatives, quand on gratte un peu, une autre grille de lecture de l'échec apparaît. De nombreuses personnes donnent des perspectives constructives aux conséquences d'une déconvenue. Voici quelques mots-clés recueillis à ce propos.

Aléa, apprentissage, avancée, cadeau déguisé, enseignement, essai, étape, expérience, expérimentation, feedback, leçon, mise au point, motivation, opportunité, option, passage, persévérance, prise de conscience, progression, rattrapage, rebond, rectification, récupération, redémarrage, relance, résilience, seconde chance, tremplin…

Les mots pour désigner les hypothèses où l'échec permet autre chose sont nombreux. Y aurait-il donc une autre interprétation possible ?

INSPIREZ-VOUS

L'échec qui permet la découverte

Ce "téléphone" a trop de défauts pour être considéré comme un moyen de communication sérieux. Cet appareil ne nous est d'aucune utilité en soi.

Mémo de la Western Union, 1876 [43]

La tradition familiale et la surdité de sa mère conduisent naturellement le jeune Alexander « Graham » Bell vers l'orthophonie. Lorsqu'il obtient une copie du livre *Sur l'étude des sensations auditives* de l'allemand Hermann von Helmholtz, Bell se trompe dans la traduction qu'il en fait. Il conclut que la mécanique permet déjà l'échange de syllabes : *« Je pensais qu'Helmholtz y était arrivé… Et que mon échec était seulement dû à mon ignorance de l'électricité. Ce fut une bévue précieuse… Si j'avais su lire l'allemand à cette époque, je n'aurais peut-être pas commencé mes expériences ! »* [44]

Le succès de Bell est dû à une tricherie : à l'aide de son avocat, il soudoie le préposé de l'office des brevets pour obtenir une copie d'une demande introduite quelques heures plus tôt par un certain Elisha Gray. Bell adapte alors son propre document de dépôt de brevet et le fait placer au-dessus de la pile, faisant croire du coup qu'il est le premier. De retour à son bureau de Boston, il falsifie ses croquis et son équipement pour reproduire l'invention de Gray. La supercherie est dévoilée dix ans plus tard par l'employé de l'office des brevets, en 1886. Ce n'est qu'en 1990 que les carnets de notes et la falsification de Bell sont révélés au grand jour.

La découverte de la pénicilline est un autre exemple qui mêle échecs, enchaînements d'événements heureux et erreurs d'attribution. Associée dans l'esprit collectif à Alexander Fleming, la pénicilline est pourtant le fruit de découvertes collectives qui remontent à l'Antiquité : les Grecs, les Indiens et les Serbes renseignent déjà l'utilisation volontaire de pain moisi comme technique de soin. [45]

Après avoir éternué sur l'une de ses expériences, Fleming constate après quelques minutes que la culture bactériologique a disparu de l'emplacement de sa production nasale. Il découvre ainsi le lysozyme, agent antibactérien naturel présent dans la salive, les larmes et le mucus nasal. Fleming échoue pourtant à exploiter cette découverte à son plein potentiel.

À l'été 1928, pressé de partir en vacances, il laisse négligemment son matériel de recherche en l'état. Alors qu'il range son laboratoire à son retour, Fleming prend une boîte au hasard et y découvre un amas de moisissures débarrassé de bactéries. Le *Penicillium notatum* est révélé et documenté par Fleming sans enthousiasme.

Dix ans plus tard, deux chercheurs tombent par hasard sur les consignations de Fleming. Remontant son fil d'expérimentations, ils en arrivent à une conclusion toute différente : cette moisissure mérite bien qu'on s'y attarde. Chain et Florey vont révéler les vertus curatives qui conduiront à l'utilisation de la pénicilline telle que nous la connaissons. On ne s'étonnera donc qu'à moitié que le nom de Fleming ait été contesté quand il fut associé à Chain et Florey lors de la remise du prix Nobel de physiologie en 1945.

Au-delà des rôles joués par chacun, ces anecdotes nous apprennent qu'un échec peut, à terme, mener à la trouvaille, à la découverte. Elles démontrent aussi que l'honneur de la postérité peut être accordé au protagoniste qui n'est pas le plus méritant ou le plus loyal. Elles nous prouvent enfin que notre inconscient collectif ou nos mémoires peuvent, elles aussi, nous jouer des tours et échouer à reconnaître et attribuer le travail accompli aux bonnes personnes.

Parfois, il arrive que l'échec de notre compréhension d'un phénomène, d'un événement ou d'une situation nous pousse à chercher ailleurs, autrement, et nous mette sans le vouloir dans la bonne direction pour dénicher une pépite que nous n'espérions pas.

Sérendipité : le nom donné à la démarche providentielle
On appelle sérendipité la capacité à trouver quelque chose que nous ne cherchions pas et qui se révèle pourtant décisif. Il peut s'agir d'une rencontre, d'un objet, d'un procédé. Potentiellement, la sérendipité, c'est avoir une lecture porteuse d'un événement qui, en apparence, ne l'est pas. L'idée, c'est d'aboutir à un résultat exploitable insoupçonné au départ.

INSPIREZ-VOUS

La sérendipité est un allié puissant de l'innovation et des grandes découvertes. Christophe Colomb qui cherche les Indes et arrive en Amérique en est un bel exemple. Au départ d'un premier échec, il peut nous arriver de faire une trouvaille accidentelle tout aussi imprévue qu'intéressante.

En 1996, l'entreprise pharmaceutique Pfizer n'imagine certainement pas mettre au point le Viagra alors qu'elle travaille sur un médicament pour lutter contre l'hypertension artérielle et les angines de poitrine. Lors des premiers tests cliniques, le sildénafil – c'est son nom – ne donne pas les résultats espérés, mais a pour effet secondaire de provoquer une érection chez l'homme. La firme exploite alors cette opportunité de se développer sur un segment de marché, osons le jeu de mots… encore vierge. [46]

Même s'il n'est pas médecin, nous devons aussi beaucoup au professeur Wilson Greatbatch. Cet ingénieur américain travaille sur un appareil de mesure du rythme cardiaque lorsqu'il se trompe de composant électrique dans son assemblage. Il constate alors que « *l'appareil battait, s'arrêtait et battait de nouveau, tel un cœur.* » Nous sommes en 1960 et le stimulateur cardiaque, ou *pacemaker*, vient de voir le jour. [47]

La découverte de la planète Neptune illustre elle aussi le procédé issu de la sérendipité. La huitième planète du système solaire est en effet le premier objet céleste à être trouvé d'abord par calculs et non par observation.

Astronome à l'Observatoire de Paris au début du XIXe siècle, Alexis Bouvard repère dans la trajectoire d'Uranus des anomalies par rapport à la loi de la gravitation universelle d'Isaac Newton. Plusieurs hypothèses sont émises, dont celle de la présence d'un autre corps suffisamment massif pour avoir un impact sur l'orbite décrite par Uranus. Le Français Urbain Jean Joseph Le Verrier – il s'agit bien d'une seule personne – entreprend de calculer les caractéristiques et la position de l'astre en question (masse, position, orbite). Les résultats de son travail permettent à ses collègues de l'Observatoire de Berlin d'identifier la nouvelle planète, baptisée Neptune.

Une théorie peut constituer à la fois le point d'arrivée de la démarche scientifique (lorsque les chercheurs aboutissent à sa formulation à la suite d'expériences) tout autant que son point de départ. Pour le coup, comme le rapporte l'auteure Kathryn Schulz, *« Les théories nous disent quelle question poser (pourquoi l'orbite d'Uranus est-elle bizarroïde ?), quelle sorte de réponse chercher (quelque chose de vraiment très gros doit exercer sur l'étrange planète une attraction gravitationnelle), et où la trouver (cette énorme chose doit se trouver par-là). »* [48]

Passer de la spirale négative à l'attitude constructive face à l'échec

Échouer, ça arrive partout, tout le temps, et à tout le monde

Personne n'est à l'abri des revers. Aucune région du globe n'est épargnée par l'échec. Tous les secteurs de la vie sont exposés aux déconvenues : échec scolaire, scientifique, technologique, financier, sportif, managérial, entrepreneurial, personnel, relationnel, familial, amical... Nous subissons les effets de nos ratés à un moment ou l'autre, tant dans notre vie professionnelle que personnelle.

Dans le **milieu scolaire et professionnel**, nous venons d'une époque où l'on croyait que le succès était un corollaire de la réussite scolaire. Malheur à celui qui échouait alors aux examens ou présentait un test de QI (*Quotient Intellectuel*) médiocre : il était irrémédiablement catalogué. L'individu en difficulté face à ce standard d'analyse, intéressant mais très partiel, était rangé dans la catégorie des cancres. Considéré comme inapte, incompétent voire franchement stupide, il pouvait souffrir du regard des autres et être poursuivi toute sa vie par ce qui était perçu comme une tare. Les dégâts sur l'estime de soi pouvaient être dévastateurs.

” Ce n'est pas le QI qui compte. Le QI et le talent sont comme les chevaux dans un moteur. Il y a un tas de gens qui démarrent dans la vie avec 400 chevaux sous le capot, mais ne sont capables d'en tirer que 200 chevaux de puissance. Mieux vaut n'avoir que 200 chevaux, mais en tirer le maximum.

WARREN BUFFETT
investisseur américain. [49]

L'américain Howard Gardner, psychologue du développement, est le premier à avoir remis en cause la suprématie du QI. [50] Ses travaux sur les intelligences multiples ont contribué à élargir le champ des possibles et corriger ces perceptions dont on sait aujourd'hui qu'elles sont en grande partie erronées ou en tout cas incomplètes.

D'une part, il a été démontré que les ressources d'un individu dépassent de loin le périmètre mesuré par le QI, qui se concentre sur la compréhension verbale, le raisonnement logique, la visualisation dans l'espace et la mémoire. L'empathie, les capacités relationnelles, l'intelligence émotionnelle, le pragmatisme dans la résolution de problèmes ou encore la créativité sont autant de *compétences non cognitives* mobilisables pour réussir qui échappent à l'analyse du seul QI. [51]

D'autre part, l'évolution et la diversification des métiers aujourd'hui exigent de plus en plus de compétences multidisciplinaires. Il ne suffit plus d'être hyper compétent pour s'assurer une brillante trajectoire de carrière. Pour réussir sur le marché du travail, il faut aujourd'hui disposer d'un faisceau d'éléments constitutifs d'une attitude qui fait la différence : engagement, créativité, détermination, leadership, autonomie, collaboration pour ne citer que quelques exemples qui illustrent bien ce que le QI a du mal à mesurer. Ce n'est donc pas l'outil prédictif par excellence.

De nombreuses figures de réussite entrepreneuriale ont d'ailleurs un rapport particulier avec l'école. Plusieurs d'entre elles n'ont pas terminé leurs études : Richard Branson (Virgin), Mark Zuckerberg (Facebook), Steve Jobs (Apple), Bill Gates (Microsoft), Martin Bouygues (Bouygues Telecom), Ingvar Kamprad (IKEA), Amancio Ortega (Zara) ou encore Michael Dell (Dell), Xavier Niel (Free) et Gérard Mulliez (groupe Auchan) sont quelques grands noms qui prouvent que l'on peut entreprendre et réussir sans suivre la voie toute tracée qui mène à l'école. De multiples compétences sont utiles à la réussite et le quotient intellectuel n'est qu'un indicateur parmi d'autres.

> **J'ai échoué à certains sujets d'examen et mon ami a tout réussi. Aujourd'hui, il est ingénieur chez Microsoft et j'en suis le patron.**

BILL GATES
cofondateur de Microsoft [52]

Les trajectoires professionnelles sont de moins en moins linéaires. L'intégration des bifurcations et des rebonds devient monnaie courante dans nos sociétés modernes où l'adaptation, l'agilité et l'expérience prévalent sur l'absence d'accident de parcours ou la difficulté à rencontrer les exigences du système scolaire.

Le **domaine des sciences** n'est pas en reste. Depuis la nuit des temps, l'être humain fait preuve d'une incroyable ferveur dans ses convictions dès lors qu'elles revêtent un caractère scientifique supposé vrai. [53] Pourtant, s'il est un secteur qui démontre à quel point nos connaissances peuvent être remises en question et sujettes à des renversements complets ou des virages à 180 degrés, c'est bien celui de la « vérité scientifique ». L'histoire a en effet prouvé à de nombreuses reprises que nous nous trompions sur notre conception du monde. Nous sommes ainsi régulièrement confrontés à l'échec de nos certitudes.

INSPIREZ-VOUS

« Et pourtant, elle tourne. »
La perception de notre Terre et sa place dans l'univers déchaînent les passions. Les croyances les plus folles ont existé, persistent encore aujourd'hui et reviennent à la charge de temps à autre, comme une histoire de serpent de mer teintée de théorie du complot. À titre personnel, j'en sais ce qu'en sait *l'homme de la rue*, à savoir les restes d'apprentissages scolaires, l'inconscient collectif et les recherches préparatoires à ce livre. L'intérêt réside dans la mise en perspective et la relativisation des points de vue plus que dans leur vérité absolue.

Dès l'Antiquité, il y aurait des traces de la connaissance que la Terre est ronde. [54] Pourtant, une conception dominante jusqu'à Copernic puis Galilée aurait voulu qu'elle soit plate, comme un disque vinyle, et qu'elle soit au centre de la galaxie. Tant qu'à faire, autant que les astres, les planètes et le soleil tournent autour de nous et pas l'inverse, c'est plus flatteur. Au nom de ces conceptions rassemblées sous l'appellation géocentrisme, des individus sont mis à mort s'ils soutiennent d'autres hypothèses.

Selon toute vraisemblance, c'est Copernic qui est le premier à placer le soleil au centre du terrain de jeu galactique. La Terre devient une planète qui tourne autour de ce point fixe. L'héliocentrisme est né et prend le pas sur les théories antérieures. Presqu'un siècle plus tard, Galilée viendra appuyer cette hypothèse lorsqu'il déclara à propos de la Terre : « *Et pourtant, elle tourne* » (« *E pur si muove* », littéralement « *et pourtant elle bouge* »).

> Dans la compréhension de la psychologie de l'échec, ce qui nous intéresse, c'est le processus d'évolution des perceptions. Comme l'explique Kathryn Schulz : « *Dans les cinquante ans qui suivirent la révolution copernicienne, les astronomes occidentaux commencèrent à observer des variations qui leur avaient jusqu'alors échappé : des étoiles apparaissaient et d'autres disparaissaient, les taches solaires s'élargissaient et s'évanouissaient... En Chine, où le ciel au-dessus des têtes était le même mais l'idéologie sur terre différente, on connaissait depuis au moins cinq cents ans ces phénomènes. Les premiers astronomes occidentaux (...) n'avaient pas refusé les contre-preuves, ils ne les avaient même pas vues !* » [55]

Ce que ces exemples du domaine des sciences nous révèlent vaut pour toute expérience que nous faisons de la vie. Plus que tout autre biais évoqué précédemment dans ce livre, notre psychologie d'être humain est soumise au **biais de confirmation d'hypothèse** : [56] quel que soit le secteur concerné, notre cerveau est à la recherche des données, événements, attitudes et preuves qui vont confirmer nos perceptions.

Peu importe que celles-ci soient bonnes ou mauvaises, optimistes ou pessimistes, « vraies » ou « fausses » : par nature, nous avons tendance à accorder plus de poids aux éléments qui vont dans le sens de ce que nous croyons déjà.

Certains chercheurs considèrent même que le biais de confirmation d'hypothèse est à l'origine de tous les autres. [57] Il apparaît partout dans nos vies, dans notre fonctionnement au quotidien, et il est aussi présent dans ce livre.

Mettre la spirale d'échec hors-jeu en réduisant le biais de confirmation d'hypothèse

En 1960, le psychologue anglais Peter Cathart Wason donne la suite de nombres 2, 4 et 6 et demande aux participants à son expérience de fournir une suite correcte ainsi que la règle qui découle de son énoncé.

Que diriez-vous ? « 8, 10, 12 » est correct, de même que « 124, 126 et 128 ». Comme beaucoup, vous concluez peut-être à la règle suivante : des nombres pairs qui augmentent deux à deux. Mais si je vous dis que « 1, 2, 3 », « 22, 23, 25 » ou encore « 1978, 2006, 2007 » sont corrects aussi, qu'en pensez-vous ?

En réalité, la règle est : « *toute suite de nombres ascendante.* »[58] Lors de son expérimentation, Wason a compris que la majorité des participants se bornaient à répliquer des suites qui fonctionnent (les nombres pairs qui augmentent deux à deux), ce qui fait apparaître le biais de confirmation. Seule une poignée d'individus parviennent à remettre en question leur hypothèse de départ qui paraît évidente. C'est pourtant en la réfutant et en testant d'autres options que certains trouvent la réponse attendue.

Ainsi, il nous arrive d'être incapables de reconnaître un échec parce que nous recherchons à tort ce qui aurait pu nous donner raison, même dans l'erreur. Nous pouvons aussi échouer parce que nous nous focalisons exclusivement sur le renforcement de ce qui va dans le sens de nos croyances (les nombres pairs augmentant deux à deux), sans chercher à questionner cette proposition ou à élargir les tests pour voir si d'autres aspects révèlent une règle différente.

Parfois, nous échouons aussi parce que nous ne procédons pas à la vérification d'hypothèses alternatives (ce qui est fréquent dans le test de Wason : les participants se contentent d'augmenter des nombres pairs deux à deux). Mais il arrive aussi que nous poursuivions dans l'échec alors que la preuve de notre erreur est manifeste, visible et sous nos yeux. Nous péchons alors par manque de lucidité, voire d'humilité.

La navette Columbia ou le *bis repetita* de l'échec de Challenger

Challenger s'était désintégrée peu après son décollage pour une mission spatiale. Columbia subira le même sort peu avant son retour sur Terre.

L'équipage de Columbia est envoyé dans l'espace le 16 janvier 2003 pour une mission scientifique. Lors du décollage, un morceau de mousse se décolle et heurte l'aile gauche de l'appareil, endommageant sa protection thermique d'un impact de la taille d'une boule de bowling.

Lors du retour dans l'atmosphère deux semaines plus tard, la chaleur intense ouvre une brèche dans le bouclier, ce qui entraîne la désintégration de la navette et la mort des 7 personnes à bord.

Avant la catastrophe, les dirigeants de la NASA annonçaient que les dommages subis au décollage démontraient la solidité de la navette et non un défaut de conception. Un des intervenants déclara : *« Le plus grand ennemi de la NASA, c'est sa collection de succès. Il porte à croire que c'est facile. Tous ceux qui travaillent sur la navette spatiale savent que chaque mise sur orbite est un petit miracle. »* [59]

La tragédie de Columbia est malheureusement illustrative : plutôt que d'admettre une preuve contraire et mettre à jour nos convictions en conséquence, nous poursuivons souvent dans l'erreur et utilisons la preuve contraire comme renforcement de nos croyances, par une justification inadéquate. [60]

En psychologie sociale, le biais de confirmation se rapproche de l'**auto-réalisation de la prophétie** ou prophétie autoréalisatrice. Dans ce cas, il est question d'un énoncé qui va induire la modification des comportements de telle façon à les faire coller à ce qui a été annoncé.

Un jour ou l'autre, nous avons tous été confrontés à des situations où nous avons prédit que nous pourrions échouer. Nous avons pronostiqué la déroute : *ça n'ira pas, je vais rater* ou encore *ça va foirer, c'est sûr.* Dans certains cas, si nous acceptons d'être honnêtes avec nous-mêmes, nous devons admettre que nous avons contribué à ce qu'il en soit ainsi, soit parce que nous avons fait ce qu'il fallait pour échouer (action), soit parce qu'au contraire, nous nous sommes abstenus de faire ce qui aurait permis d'éviter l'échec (omission). Dans les deux hypothèses, nous avons démontré l'autoréalisation de la prophétie.

INSPIREZ-VOUS

Dans le film Matrix, lorsque Neo rencontre pour la première fois l'oracle, incarné par une dame occupée à sortir des biscuits du four, elle lui dit : « *Ne vous en faites pas pour le vase.* » Neo se tourne en demandant « *Quel vase ?* », le renverse et le casse. L'oracle poursuit : « *Ce qui va vous mettre le ravioli en ébullition, c'est : "l'auriez-vous aussi démoli si je ne vous avais rien dit ?"* »

#ÉCLAIRAGE

Florence Cabon

En France, Florence Cabon est directrice de recherche INSERM et chercheuse en biologie. Elle a identifié et breveté avec cet Institut une molécule innovante avec un fort potentiel thérapeutique. En parallèle, elle a créé en 2006 la société SeleXel pour développer cette molécule et l'amener au stade des premiers essais cliniques chez l'homme, pour la vendre ensuite à une industrie qui assurera la poursuite du développement clinique et sa commercialisation.

En tant que scientifique, quelle est ton expérience de l'échec ?

La recherche, ce n'est pas attendre une idée géniale qui tombe du ciel à la façon dont les BD représentent Archimède dans sa baignoire ou Newton recevant une pomme sur la tête. Une hypothèse scientifique se construit à partir des connaissances existantes et des lacunes qu'elles dévoilent. Rien n'est linéaire dans ce processus. L'échec, c'est au quotidien.

Par définition, on avance en terrain inconnu, même si c'est en utilisant un ensemble éprouvé d'outils et de techniques. La mise au point du protocole expérimental permettant de valider ou d'invalider une hypothèse est un travail qui demande analyse critique et persévérance.

Quand enfin « ça marche », on se dépêche de répéter l'expérience le nombre de fois nécessaire pour avoir une certitude raisonnable et statistique sur la validité des résultats, et… on passe à une autre « manip » à mettre au point pour continuer à avancer. Il y a donc toujours plus de manips qui ne marchent pas comme souhaité que d'expériences qui donnent satisfaction, plus d'échecs que de réussites.

L'image du chercheur dans le public est généralement celle d'une personne talentueuse et passionnée, un peu déconnectée du monde matériel. Cette présentation détourne du métier des gens trop modestes qui s'autocensurent et en attire d›autres qui ne sauront pas nécessairement encaisser les échecs, panser les blessures, en tirer quelque chose si c'est possible et repartir.

Comment définis-tu l'échec ?

L'échec est le fait d'avoir visualisé un objectif, d'y avoir cru, de s'être donné les moyens d'y parvenir et cependant de ne pas l'atteindre. Le premier symptôme de l'échec c'est la rupture d'un élan, la frustration ; la blessure vient ensuite puis la résilience quand tout se passe bien.

Il est compliqué de savoir si l'échec est temporaire, conjoncturel, ou si le projet doit être restructuré voire abandonné. Il y a nécessairement de grandes phases de doutes et il est douloureux pour l'ego de reconnaître l'impasse d'un projet de recherche.

Le quotidien est aussi fait de refus de financement (5 à 10 réponses à des appels d'offre pour avoir un projet financé), d'échecs aux concours de recrutement, puis de promotion (on se lasse de devoir encore et toujours faire ses preuves).

Se lancer dans une carrière de chercheur c'est rarement avoir cette perception des choses au départ. On voit l'intérêt, le plaisir de faire avancer les connaissances, d'avoir un environnement enrichissant, d'être à la pointe des techniques les plus innovantes, mais rarement le prix à payer en terme d'échecs à encaisser.

La peur de l'échec déclenche des réactions parfois opposées : certains se mettent une pression considérable, vivent en permanence avec la peur de ne pas être à la hauteur tandis que d'autres se blindent, désinvestissent émotionnellement leur travail pour se mettre à l'abri. Difficile de trouver le bon équilibre.

Par ailleurs, alors même que l'échec est inhérent à l'idée même de recherche, qu'on demande aux chercheurs de prendre des risques et de sortir de la routine, les institutions (ministère, direction des instituts...) ne prévoient pas d'accompagnement spécifique de l'échec, ni sur le plan humain (ressources humaines), ni sur le plan financier.

Quel est ton super-pouvoir pour y faire face, le surmonter, et en faire un levier de rebond ?

Quand l'échec a des répercussions sur un groupe, qu'il fragilise son avenir (doute sur la validité des idées, risques sur les salaires, absence de financement pour continuer un projet), il faut d'abord l'encaisser soi-même avant de pouvoir le partager, de façon à pouvoir présenter juste après le constat négatif un plan d'action et insuffler un nouvel élan.

Voir les choses en face et identifier sa part de responsabilité sans se culpabiliser alors qu'on est blessé est difficile à faire seul. Le mentorat ou le coaching devrait être une ressource proposée bien plus souvent en entreprise pour permettre d'avancer après un revers.

Renforcer la cohésion de l'équipe est clé pour gérer la frustration engendrée par des échecs répétés. Le mentor doit s'appuyer sur son équipe sur le plan technique et l'équipe doit avoir confiance dans la direction donnée au travail, et dans la capacité du chef d'équipe à valoriser ce travail en le publiant dans un journal reconnu. Le métier de chercheur est un métier d'équipe.

Rester optimiste, croire en ses hypothèses, faire confiance à son équipe, partager ses réflexions, y compris ses difficultés, avec d'autres personnes extérieures à l'équipe sont des outils indispensables pour tenir bon, passer à travers une période d'échec et retrouver le succès. Si le marin est responsable de sa route et de son bateau, il ne peut pas toujours éviter les tempêtes. Mais il faut faire face et tenir.

Je crois à la passion, la conviction de l'intérêt, à la nécessité de faire ce que l'on fait. Prendre du recul, se dire qu'on n'est pas mort, qu'on se remet toujours d'une blessure à l'ego et chercher comment faire mieux la fois suivante. L'échec fait partie du paysage, il n'est pas le paysage.

Dans les **disciplines sportives**, où l'être humain excelle à repousser sans cesse ses limites, la psychologie de l'échec et son impact sont tout autant manifestes. Il arrive très souvent que des objectifs ambitieux, prétendument inatteignables, tiennent en échec des générations de prétendants jusqu'à ce qu'un déblocage survienne et ouvre les vannes des possibles.

Il arrive aussi qu'un exploit de taille vienne contrecarrer les prévisions et déjouer les pronostics. C'est le cas notamment lorsqu'un sportif pulvérise un record établi depuis longtemps. Les exemples qui suivent en constituent de belles démonstrations.

INSPIREZ-VOUS

En 1954, Roger Bannister a étonné le monde de l'athlétisme lorsqu'il a franchi la ligne d'arrivée du *mile* (soit 1609,34 mètres) en moins de 4 minutes, avec un chrono de 3 min 59,4 sec. Jusque-là, la discipline vivait avec la croyance qu'un tel exploit était impossible. Le plus surprenant se produit dans les années qui suivent : en 1955, 1956 et puis à de nombreuses autres reprises, d'autres athlètes courent le *mile* en moins de 4 minutes, alors que ce n'était jamais arrivé auparavant. Il suffit parfois d'un individu qui endosse le rôle de révélateur pour que d'autres s'autorisent à croire que c'est possible. [61]

L'une des disciplines souveraines en athlétisme est certainement le 100 mètres. À côté des performances physiques des athlètes, de l'amélioration des conditions de course (revêtement, équipement) et des systèmes de mesure (chronométrage électronique, prise en compte du vent), la croyance que c'est possible est ici aussi déterminante pour faire évoluer les chronos.

Le premier record du monde va à Don Lippincott en 1912 avec un temps de 10 sec 6. Tous les coureurs échouent à passer sous la barre des 10 secondes, jusqu'en 1968, soit 56 ans plus tard : Jim Hines est le premier homme à réaliser un chrono de 9 sec 90. En 1999, 31 ans plus tard, Maurice Greene met fin à plusieurs autres générations d'échecs en poussant le record mondial à 9 sec 79.

En 2009, Usain Bolt devient le premier homme à améliorer trois fois de suite le record du monde, fixé à 9 s 58 aux Championnats du monde de Berlin. Sa performance en terre allemande améliore de 11 centièmes son record précédent, une première depuis le passage au chronométrage électronique en... 1968. Il s'écoule parfois de longues périodes d'échecs et de nombreux aspirants buttent, avant que l'un ou l'autre sorte du lot et permette de repousser les limites.

#ÉCLAIRAGE

Mary-Laure Lux

Après un passage de quatre ans à l'Ecole Royale Militaire en Belgique où elle est capitaine de l'équipe de cross, Mary-Laure Lux participe pour la première fois à la compétition Ironman à Francfort en 2009. Elle arrive au pied du podium des Championnats d'Europe en décrochant la 4ème place. En 2015, Mary-Laure termine 3ème aux Championnats d'Europe et se qualifie pour les Mondiaux d'Hawaii. En 2016, elle remporte une victoire de catégorie à l'Ironman 70.3 du Luxembourg et une 2ème place de catégorie aux Championnats d'Europe d'Ironman 70.3 en Allemagne, avec le meilleur temps au général sur la partie course à pied. En novembre 2016, elle gagne l'Ironman de Floride, devenant la 4ème Belge de tous les temps et la 1ère francophone à remporter une telle compétition.

Mary-Laure est classée 1ère Belge et AWA d'OR, ce qui la range parmi le 1% des meilleures triathlètes mondiales à la fin de la saison 2016. Fin de cette même année, elle est 20ème au classement mondial.

En tant que sportive, quelle est ton expérience de l'échec ?

En 10 ans de triathlon à relativement haut niveau, j'ai inévitablement été confrontée à la peur de l'échec et je l'ai inévitablement connu.

Par la réflexion que je m'impose sur le sujet, je me rends compte que ma vision de l'échec, la définition que je peux lui en donner, la façon de l'appréhender et de le vivre n'ont cessé d'évoluer au fil du temps.

Il y a une dizaine d'années, je participais à de nombreux joggings régionaux. Je finissais très souvent sur la 1ère marche du podium… C'était devenu « normal » pour moi, sans prétention. Mon objectif unique était de gagner et les jours où, me sentant moins en forme, je n'y arrivais pas, je vivais cela comme un véritable échec.

Je me souviens de la pression que je me mettais sur les épaules à cette époque et donc, en toute logique, de l'état dans lequel je me mettais lors d'une « défaite ». Avec le recul et les années d'expérience, cela me semble pathétique… tellement dérisoire en tout cas.

Lorsque j'ai commencé le triathlon, je me suis assez vite orientée vers les triathlons longue distance ou *Ironman*. Je m'alignais alors sur des courses internationales d'une toute autre ampleur où de nombreux paramètres extérieurs pouvaient venir perturber mes plans (casse mécanique, souci digestif, conditions climatiques…), éléments sur lesquels j'avais peu d'emprise. Je devais en toute logique revoir mes objectifs… et mes critères d'échec en conséquence.

C'est là que j'ai compris que revoir ses critères d'échec à la baisse ne veut pas obligatoirement dire revoir ses ambitions à la baisse et que ce n'est pas parce que l'objectif fixé n'est pas atteint qu'il doit être synonyme d'échec.

Un des déclics à ce sujet s'est produit lors de ma participation aux Championnats du monde de triathlon à Hawaii en 2015 où je me suis retrouvée en grande difficulté sur le parcours à vélo. Des soucis digestifs m'empêchaient de me ravitailler. Sans carburant, je savais très bien que je ne pourrais pas atteindre mon objectif de temps. J'ai déposé le vélo, en souffrance, avec plus de 30 minutes de retard sur le temps que je m'étais fixée et ai dû entamer le marathon en marchant… ce qui ne m'était jamais arrivé.

Après avoir fait le deuil de l'objectif de temps, je me suis focalisée sur la ligne d'arrivée : cette ligne d'arrivée mythique, personne ne pouvait m'empêcher de la passer, à part moi. Connaissant bien mon corps et mes limites, j'ai pu, au fil des kilomètres, reprendre le dessus et finalement franchir la ligne d'arrivée… tenez-vous bien, heureuse.

Comment définis-tu l'échec ?

L'abandon reste actuellement le seul mot que j'associe réellement à l'échec. Devoir ou décider de s'arrêter en chemin…

Quel est ton super-pouvoir pour y faire face, le surmonter, et en faire un levier de rebond ?

Depuis l'épisode d'Hawaï en 2015, j'essaie de ne plus me focaliser sur l'objectif final, mais bien sur le chemin à parcourir pour y arriver. Je pense d'ailleurs très rarement à l'échec mais plutôt à la victoire. À chaque entraînement, j'essaie d'ajouter une pierre à l'édifice que je construis. Je le consolide, jour après jour, semaine après semaine, patiemment et je vois chaque pierre comme une petite victoire. Ce sont ces petites victoires qui, mises les unes au-dessus des autres, me mèneront à LA victoire, mon objectif.

Appréhender mes objectifs de la sorte m'enlève une énorme pression. J'arrive le jour de la compétition avec le sentiment d'avoir déjà parcouru 90% du chemin… d'un beau chemin bien mené. Les 10% restants ne sont que la cerise sur le gâteau, l'occasion de montrer ce que je suis capable de réaliser.

Dans l'**univers de la fiction** aussi, le mythe, c'est le Héros irréprochable. Doté de pouvoirs surnaturels, il en devient même super Héros. Souvent, il acquiert d'ailleurs sa condition surhumaine grâce à une intervention qui lui est extérieure : Superman vient d'une autre planète, Spiderman subit une modification génétique et Hulk est exposé à des rayons gamma. [62]

Le talon d'Achille du Héros sans faille vient remettre en cause sa toute-puissance : il serait parfait sans ce point faible qui vient contrarier sa suprématie. De la gent féminine pour James Bond à la kryptonite pour Superman, la faiblesse du Héros est la source de nombreux rebondissements et d'histoires palpitantes.

Cette conception du Héros a ses limites : si c'est toujours le même qui gagne à la fin, l'intrigue perd de son intérêt et notre imagination cesse de s'envoler. Les scénaristes et créateurs de tous poils l'ont bien compris : ils ont fait évoluer les Héros modernes vers plus de nuances et de contrastes, ce qui les rend souvent plus humains. Dans cette mutation, l'échec a pris sa place : il arrive que le Héros se trompe et faillisse à sa mission. Les histoires contemporaines sont alors d'autant plus proches de nos vies d'êtres humains imparfaits qui subissons des déconvenues.

Identifier la spirale infernale de l'échec en 7 points

L'histoire de l'Humanité est intimement liée au rapport que les êtres humains ordinaires que nous sommes entretenons avec l'échec. Notre manière de le percevoir, de refuser de s'en remettre aux dégâts qu'il cause et d'en gérer l'impact crée des histoires tour à tour amusantes, catastrophiques, cocasses, dramatiques, sans conséquences voire positives. Notre relation à l'échec, c'est tout ça à la fois.

Quand nous percevons les revers de manière négative, nous leur attribuons plusieurs caractéristiques qui leur donnent une connotation désagréable, amère, pénible. Nous teintons notre lecture de la réalité tout entière, ce qui affecte la perception que nous avons de nous-même et de nos performances, nos relations aux autres et, au final, notre compréhension du monde.

Lorsque nous sommes en proie à de telles considérations, nous entrons dans une spirale négative et percevons l'échec à travers un prisme à plusieurs facettes dont chaque aspérité est plus ou moins infecte. Vous êtes prêts à plonger dans la boue ? Allons-y pour le passage en revue.

L'échec remet en question qui nous sommes

La première tendance que nous pouvons éprouver face aux revers est de les généraliser à notre personnalité dans son ensemble : nous contaminons notre attitude entière de notre déroute. Si nous échouons à un concours professionnel, ratons un examen scolaire ou perdons un match, c'est l'ensemble de notre personnalité que nous remettons en question. Ce faisant, nous conférons à l'échec un caractère **absolu**.

Le type de pensée associé à cette façon de fonctionner est de l'ordre du *je suis nul*. Cette globalisation de ce qui coince éclipse toutes nos autres compétences et aptitudes au profit des pensées que l'on ressasse, du type *c'est chaque fois la même chose, de toute façon je ne vaux rien*. Souvent, en pareille circonstance, nous nous parlons à nous-même en *tu* : *t'es vraiment qu'un bon à rien, qu'est-ce que tu t'imaginais ? Tu pensais sérieusement pouvoir y arriver ?*

Lorsque nous procédons de la sorte, nous sommes en proie au biais cognitif de la vision tubulaire : nous restreignons notre champ de vision à l'obstacle ou à la difficulté qui nous a fait chuter et nous occultons tout le reste. C'est compréhensible et tout à fait humain. C'est douloureux de tomber, d'éprouver la sensation furieuse d'avoir foiré ou de se sentir comme un moins que rien. Racler le bitume, toucher le fond, ça laisse rarement de la place à autre chose quand ça nous arrive.

L'échec nous isole

L'impression qui nous envahit lorsque nous nous considérons en situation d'échec s'accompagne souvent de la sensation détestable de doute, de faiblesse, de honte d'avoir failli. Si nous parvenons à nous regarder dans le miroir dans ces moments-là, c'est pour voir à quel point nous sommes **bancals**. Il arrive même que nous soyons au-delà : nous sommes alors convaincus de notre médiocrité et nous nous sentons incapables d'agir pour y remédier.

Alors, nous nous isolons : nous nous sentons trop moches et honteux. Comme Brene Brown le partage dans *La force de l'imperfection*, ce fonctionnement est compréhensible : « *La honte nous empêche d'aller vers l'autre pour lui raconter notre histoire. Elle déteste les mots. Elle ne peut pas survivre au fait d'être partagée. La honte aime le secret. La réaction la plus dangereuse après avoir éprouvé de la honte est de dissimuler ou d'enterrer notre histoire.* » [63]

C'est l'une des façons d'opérer de l'échec : il nous pousse dans un coin et nous y accule. Il brouille notre champ de vision et en rétrécit la densité. Quand nous entrons en mode survie, nous nous retrouvons seuls face à nous-mêmes. Il est difficile d'être confronté à soi, spécialement dans ces circonstances où l'on se prend pour un raté.

Parfois, il arrive que ce soit les autres qui nous tournent le dos et nous abandonnent. Mais la plupart du temps, nous sommes la cause principale de notre mise à l'écart. Dans les épisodes de nos vies où nous avons mordu la poussière, nous avons invariablement ressenti ce sentiment désagréable de solitude dont nous étions gorgés jusqu'à saturation. Si nous acceptons d'y regarder de plus près, nous allons aussi retrouver l'une ou l'autre personne qui nous a tendu la main. Dans ces moments-là, il nous arrive d'être secourus, même si nous ne nous en rendons pas toujours compte.

”

Tout le monde dit : *“Suivez votre cœur.”* Je l'ai fait. Il a été brisé.

AGATHA CHRISTIE
Auteure britannique

L'échec ternit notre vision du monde

En quête d'échappatoires pour ne pas rester dans l'impasse, seuls avec nous-mêmes, nous globalisons. Nous regardons autour de nous tout ce qui ne va pas et **universalisons** l'échec. Dans le fond, nous ne sommes qu'un élément du monde qui va mal. Nous débusquons le moindre signe qui conforte le pessimisme ambiant : des comportements inciviques aux mauvaises nouvelles, c'est l'escalade. Tout y passe : la queue de poisson du chauffard sur l'autoroute, le gosse mal éduqué qui nous bouscule en courant sur le trottoir, le torrent de l'actualité macabre relayé par les médias (y compris les réseaux sociaux).

Le tragique est incontestable et nous pouvons partager la douleur d'appartenir à un monde qui a ses travers. Quand nous sommes pris dans le tourbillon des émotions et le déballage, en direct, d'images ou vidéos d'atrocités insoutenables, c'est notre humanité tout entière qui souffre.

Les drames engendrent leur lot de démunis, de vindicatifs et d'extrêmes en tout genre. Mais comme le souligne Bruno Humbeeck : « *Généraliser l'intérêt du malheur est tout aussi dangereux que d'en considérer les effets comme une irrémédiable fatalité.* » [64] Dans ces mauvaises passes si humaines, il est fréquent que nous recherchions volontairement les coups fourrés et affaires sordides pour nous abreuver des malheurs du monde et nous sentir moins seuls. Tant qu'elle reste passagère, cette attitude est normale : nous sommes sous l'emprise du biais d'amplification, déclinaison des perceptions erronées.

"

C'est la capacité de résister à l'échec ou de s'en servir qui mène souvent à une plus grande réussite. J'ai rencontré bien des gens qui n'osent pas de peur d'échouer.

J.K. ROWLING
romancière britannique

L'échec nous fait baisser les bras

Notre conclusion personnelle s'impose alors comme une évidence : l'échec est **implacable**. Il nous attend au coin de la rue, nous guette au moindre faux-pas, nous pend au nez – ou au-dessus de la tête, comme une épée de Damoclès. Dans cette logique, le plus effrayant n'est pas tellement le côté inévitable de l'échec, mais notre impossibilité à y échapper. Nous sommes pris au piège, cibles du sort qui s'acharne et victimes d'un mauvais œil quelconque.

L'échec nous fera courber l'échine, mettre genou à terre. Pire, il nous maintiendra dans une posture exécrable de minables perdants. Nous sommes envahis du sentiment d'abandon : à quoi bon lutter ou se relever si c'est pour trébucher un peu plus loin ?

Le risque consiste ici à mettre notre vie en léthargie. Nous nous plaçons dans notre propre ombre par crainte de chuter à nouveau. La flamme qui nous anime est mise sous cloche. Notre dynamisme est mis entre parenthèses et notre élan vital suspendu en plein vol. Nous oublions alors que nous sommes toujours vivants et nous perdons de vue que tant que notre cœur bat encore, nous avons une marge de manœuvre, une perspective d'évolution, un pouvoir d'action.

L'échec nous fait fuir

Nous supportons mal nos déroutes que nous percevons comme insoutenables. Notre attitude consiste alors souvent à les disqualifier : nous les balayons du revers de la main pour ne pas les voir. Nous nous en débarrassons en les rangeant au placard.

”

Ne perdez pas de temps à frapper contre un mur avec l'espoir d'en faire une porte.

COCO CHANEL
créatrice française

Nous considérons alors que nos échecs sont sans importance, **hors sujet** ou non pertinents. À tort ou à raison, nous arrivons à nous convaincre qu'il n'y a rien de bon à en tirer. En fermant la porte à nos échecs, nous sommes dans le déni. Nous évitons ou refusons de nous y confronter par crainte de raviver une douleur trop vive ou pour nous préserver. C'est en tout cas ce que nous croyons.

En restant dans le déni, nous refusons d'admettre que nous avons été traumatisés, ce qui complique le travail d'acceptation et de cicatrisation de nos blessures. Par ailleurs, en adoptant une conduite d'évitement, nous fuyons toute nouvelle expérience du même type de crainte de raviver la douleur que nous avons mis de côté au prix de tant d'efforts.

En procédant de la sorte, nous nous épuisons à lutter contre nos démons au lieu d'engager notre énergie dans une dynamique constructive. Nous nous maintenons dans un périmètre prétendument sûr – jusqu'au prochain coup du sort. Nous sommes en sursis et notre énergie devient peu à peu celle du désespoir et finit par disparaître. Surtout, l'absence de ressources ou leur mobilisation dans une mauvaise direction nous empêchent d'être disponibles pour autre chose.

”

Le plus gros risque, c'est de ne pas prendre de risque. Dans un monde qui change très vite, la seule stratégie qui garantit l'échec est de ne pas prendre de risque.

MARK ZUCKERBERG
cofondateur de Facebook

L'échec nous fait peur

La **peur** de l'échec paralyse beaucoup d'entre nous. C'est la peur qui nous empêche de démarrer ce projet qui nous tient à cœur, de tenter l'aventure d'une nouvelle collaboration, d'aller à la rencontre de l'autre. C'est la peur qui nous fait entrevoir les risques, la chute possible, les revers potentiels. Avant même que l'échec puisse survenir, nous échafaudons tous les *scénarios catastrophes* possibles et imaginables. Nous créons ainsi nous-mêmes le terreau anxiogène propice à nos déconvenues.

La peur est utile à l'être humain : c'est grâce à elle que nous prenons conscience des dangers et que nous assurons notre propre survie. Cependant, elle devient un piège lorsqu'elle nous empêche de mettre notre potentiel à l'épreuve de l'adversité pour repousser nos limites et progresser.

Prenons cette attitude d'évitement et injectons-la chez l'enfant que nous étions quand nous avions l'âge d'apprendre à rouler à vélo. Les jeux sont vite faits : nous ne montons pas sur le vélo. Les risques d'échouer sont trop grands : nous n'avons encore jamais fait ça, nous n'avons pas l'équilibre, nous ne savons pas si nous avons la force pour actionner les pédales, nous ne savons pas si les freins vont tenir, nous ignorons comment manier le guidon… Bref, tout est là pour nous dissuader d'oser. Alors nous ne montons tout simplement pas sur le vélo. Et là, rien ne va plus : dans notre déluge de pensées négatives tournées vers l'issue défavorable, nous devenons atychiphobe ou kakorrhaphiophobe. Vouloir éviter l'échec à tout prix, c'est nous priver de ce que la vie a à nous offrir quand nous acceptons de remonter en selle.

Heureusement, les chutes et bobos que nous endurons sont généralement vite oubliés dès le moment où nous arrivons à pédaler de manière autonome. Les enfants sont là pour nous démontrer qu'à tout moment, nous pouvons choisir de tester malgré tout en nous accordant le droit à l'erreur, à la faute, à l'échec. Ce n'est pas échouer qui fait peur, c'est avoir peur qui fait échouer.

”

La vraie mesure du courage n'est pas votre atteinte ou non de votre objectif. C'est la décision que vous prenez de vous relever à chaque fois que vous êtes tombé.

OPRAH WINFREY
animatrice et productrice américaine

L'échec nous paralyse

Adultes, nos défis sont comparables au fait d'apprendre à rouler à vélo, et la crainte de tomber symbolise notre peur de l'échec. L'échec est souvent notre plus grande **excuse** pour ne pas passer à l'action.

Nous échouons souvent par omission, parce que nous ne tentons pas l'aventure : nous ne décrochons pas le téléphone, nous ne poussons pas la porte, nous ne poussons pas sur le bouton « GO ». Nous préférons rester dans l'ignorance de nos aptitudes plutôt qu'éveiller le risque d'un hypothétique échec. Même de façon inconsciente, il nous arrive de renoncer à la première difficulté, et parfois même avant qu'une complication pointe son nez : la peur que ça puisse rater nous cloue sur place. Le plus difficile n'est pas de savoir quoi faire. Le plus dur, c'est de s'y mettre et d'aller au bout.

Les 7 ingrédients de la spirale infernale de la perception négative de l'échec sont donc : peur, absolu, hors sujet, bancal, universalisé, implacable, excuse. L'équivalent anglo-saxon de ces mots nous donne les mots suivants : **F**ear, **A**bsolute, **I**rrelevant, **L**ame, **U**niversal, **R**elentless, **E**xcuse. L'acrostiche qui apparaît est clair : nous voici avec l'équivalent anglais de l'échec : « FAILURE ». CQFD.

Ce ressenti de l'échec est humain. Lorsque nous pensons et agissons de la sorte, nous nous comportons comme les individus ordinaires que nous sommes, en proie aux imperfections qui sont les nôtres. L'échec emporte dans son élan l'image que nous avons de nous. Il balaye notre estime de soi et peut faire des dégâts dans nos relations. En aucun cas nous ne pourrions blâmer, montrer du doigt ou critiquer ceux d'entre nous qui fonctionnent suivant cette grille de lecture.

Puisque notre cerveau cherche à confirmer ce en quoi il croit, changer d'optique est forcément délicat. Il est difficile d'entendre qu'il existe une alternative, une façon différente de vivre l'échec, une opportunité de rebondir. Pourtant, le constat est sans appel : cette attitude négative ne se retrouve pas chez les gens qui réussissent durablement et de manière répétée.

Les individus qui mènent une vie à la hauteur de leurs aspirations sont eux aussi confrontés à l'adversité. Les personnalités hors du commun doivent aussi faire face aux revers et aux échecs. Et c'est là tout l'intérêt : si nous voulons rebondir sur l'échec, nous devons accepter qu'il est le lot de tout le monde. Chacun à notre manière, chacun avec nos moyens, chacun selon nos convictions, nous cherchons à le surmonter quand il nous barre la route et nous en remettre lorsqu'il nous frappe. L'échec est le compagnon de route de tous, même des personnes qui trouvent un équilibre, s'épanouissent et rayonnent par leur attitude positive.

Bien que l'attitude qui découle de la spirale négative de l'échec soit humaine, compréhensible et recevable, elle n'est pas celle des personnes que j'appelle les Héros, à savoir celles et ceux qui tiennent le rôle principal dans leur histoire. Cette attitude, à laquelle nous pouvons tous prétendre si nous le choisissons, repose sur notre capacité de progression et d'amélioration. Si nous voulons mieux profiter de la vie au quotidien, nous pouvons nous inspirer de trajectoires intéressantes, réelles ou de fiction, pour adapter notre vision des choses.

” Il y a toujours une vie après l’échec, la mort seule est définitive.

YASMINA KHADRA
écrivain algérien

Faire de l’échec un levier de rebond : 7 étapes pour une attitude constructive

L’échec ne sélectionne pas à qui il s’adresse, il frappe à toutes les portes. Qu’est-ce qui permet à certains de surmonter les déconvenues et de se remettre en selle alors que d’autres restent à terre ? Où puiser la force de garder une attitude constructive dans les mauvaises passes ? Comment éviter de sombrer complètement et nous relever quand nous sommes à terre ? Comment rebondir sur l’échec pour mieux réussir ?

Les personnes qui rebondissent adoptent une grille de lecture particulière de l’échec : elles considèrent que les revers font partie du voyage. Cette attitude constructive leur permet d’aller de l’avant, de surmonter l’adversité pour poursuivre leur route ou de s’adapter pour changer d’itinéraire en gardant la foi dans leur progression. Elles tombent autant que les autres, mais elles ont développé de meilleures facultés à absorber les choses et à se relever.

À aucun moment cette attitude ne préserve de l'échec. En aucun cas elle ne diminue l'ampleur de l'impact et de la déception. Elle n'empêche ni les revers ni leurs conséquences. Mais adopter une attitude constructive en cas d'échecs les rend surmontables. Après tout, tant que nous sommes vivants, nous avons la possibilité de faire quelque chose de ce qui nous arrive.

„ Nous commettons tous des erreurs, mais aucun de nous n'en est une.

NICK VUJICIC
conférencier australien [65]

Nous ne sommes pas les échecs qui nous arrivent

Les personnes qui transforment les revers en coups gagnants ont la capacité de rendre l'échec **relatif**. Il concerne un événement particulier, à un moment précis, dans des circonstances données. Même s'il est dur à encaisser, il se limite au département de nos vies qu'il concerne, mais pas plus. En aucun cas il ne contamine l'ensemble de notre personnalité.

J'ai raté* et pas *Je suis un raté

Relativiser l'échec implique de le regarder pour ce qu'il est (*j'ai raté* ou *ce que j'ai raté*) et non pour une faillite de notre personne (*je suis un raté*). C'est aussi ce qui nous permet de différencier la culpabilité (*j'ai raté*) de la honte (*je suis un raté*). [66]

Même si l'échec nous colle parfois à la peau, il ne détermine pas notre intériorité. Nous pouvons choisir de nous laisser engloutir par nos déconvenues ou les tenir en dehors de nous. Derrière cette notion se cache un principe salutaire : quoi qu'il arrive, évitons de tout prendre pour nous et de faire une affaire personnelle de ce qui nous arrive. [67] Nous ne sommes pas ce qui nous arrive, nous sommes ce que nous faisons avec ce qui nous arrive.

Prenons nos distances par rapport aux événements. Pas pour éviter la confrontation, pour éviter la noyade. Pas pour fuir, pour prendre du recul. Trop souvent, nous nous appuyons sur des bases trop fragiles pour conclure ce que nous sommes et ce que nous ne sommes pas. L'échec est quelque chose qui nous arrive, pas qui nous définit.

”

Rien n'est tout à fait faux, même une horloge brisée est à l'heure deux fois par jour.

PAULO COELHO
écrivain brésilien

Christine Kerdellant le rappelle : « *Parce que les hommes ne sont pas des machines, et que tous se trompent, le bon manager, comme le bon médecin, est simplement celui qui rend davantage de diagnostics exacts que de faux, prend davantage de bonnes décisions que de mauvaises, et surtout sait changer rapidement de cap s'il s'est trompé.* » [68]

Relativiser l'échec est une démarche très différente de la minimisation — qui serait une perception erronée. En toute lucidité, lorsque l'échec nous tombe dessus, nous pouvons choisir de le cantonner au périmètre dans lequel il est survenu.

C'est ce que nous faisons lorsque nous reconnaissons nous être trompés dans un dossier et cherchons à corriger le tir. C'est le cas aussi lorsque nous choisissons de nous y prendre autrement pour réussir après un premier raté à un test ou un examen (professionnel, scolaire ou autre – un passage de niveau dans une pratique sportive ou un hobby par exemple, ou encore le permis de conduire ou le code, comme on l'appelle en France). C'est ce qui arrive lorsque nous admettons que la voie que nous avions choisie n'était peut-être pas la meilleure et que nous nous réorientons dans une direction plus porteuse. C'est enfin notre réaction à un événement extérieur qui pourrait nous faire trébucher et que nous transformons en opportunité.

À l'âge de 17 ans, Richard Branson lance le magazine *Student* qui s'écoule par correspondance. Dans les années 1970, fort de ce premier succès, l'entrepreneur britannique constate l'intérêt grandissant du public et pressent l'explosion du secteur musical. Il décide de se lancer dans la vente de musique et construit son modèle d'affaires sur la même base que *Student* : il choisit de recourir aux canaux de distribution qu'il maîtrise en expédiant vinyles et cassettes par correspondance.

Imaginons le coup de masse que reçoit Richard Branson lorsque la poste anglaise annonce ce qui va devenir la plus longue grève de son histoire. Potentiellement, c'est tout le modèle économique de ses deux initiatives qui s'écroule. Virtuellement, c'est la faillite : toute son initiative est balayée. Richard Branson laisse-t-il ce facteur extérieur déterminer sa réussite ou son échec ? Est-ce qu'il s'arrête pour se lamenter et expliquer à qui voudra l'entendre que *ce n'est pas de sa faute* ou que *c'est pas de chance* ?

Le fondateur de la marque Virgin relativise la situation et analyse les alternatives avec son équipe. Ensemble, ils concluent que s'ils ne peuvent acheminer la musique jusqu'aux personnes qui l'achètent, ils doivent amener les gens à se la procurer. Richard Branson fait le pari audacieux de louer une surface inoccupée qu'il transforme en rez-de-chaussée commercial. Il l'aménage pour en faire un lieu entièrement dédié à la musique. C'est ainsi que démarre l'aventure des Virgin Megastore, temples iconiques de la culture musicale dans les années 1990.

Pour parvenir à nous redresser quand un pan de nous s'écroule suite à une déconvenue, nous devons pouvoir compter sur nos points forts. Relativiser, c'est pouvoir miser sur nos autres ressources lorsque l'une d'elles nous a joué un mauvais tour. C'est utiliser l'une des autres cordes de notre arc pour survivre à l'échec et rebondir.

”

L'échec est le début de la réussite à condition de plaider coupable et de le prendre à son compte.

CLAUDE LELOUCH
producteur et réalisateur français

Nous sommes responsables de nos réactions face à l'échec

Identifier nos forces pour les mobiliser dans notre processus d'adaptation et de rebond sur l'échec suppose un préalable : nous devons admettre quand nous avons échoué. Aux yeux des personnes qui s'en relèvent, l'échec est un compagnon **personnel, intime**. Ils en constatent la présence lorsqu'il est là, sans chercher à le fuir ou à nier son existence.

Lorsque Steve Jobs reprend les rênes d'Apple en 1997, il ouvre un large espace de questions/réponses lors de la conférence internationale des développeurs (WWDC). À cette époque, l'entreprise est au plus mal et son cofondateur en a été éloigné durant 12 ans.

Entre un management à la dérive, une crise de confiance généralisée et des doutes sur les capacités de Steve Jobs à pouvoir faire quelque chose dans ce contexte, un participant le harponne : *« Monsieur Jobs, vous êtes quelqu'un d'intelligent (...) mais à vous écouter ici, il est clair que vous ne savez pas de quoi vous parlez (...) quand vous en aurez fini, vous pourrez peut-être nous expliquer à quoi vous avez personnellement passé les 7 dernières années ? »*

La réponse de Steve Jobs est révélatrice de la manière dont nous pouvons prendre la responsabilité de nos réactions : *« Vous savez, vous ne pouvez contenter qu'une partie des gens à certains moments (...) L'un des aspects les plus complexes lorsque vous cherchez à imprimer le changement, c'est que vous faites face à des personnes comme ce Monsieur qui ont en partie raison (...) Nous commettrons des erreurs. Oui, nous ferons des erreurs en cours de route. C'est une bonne chose, parce qu'au moins, ça veut dire que nous prenons des décisions. Nous traquerons les erreurs et nous les réparerons. »* [69]

Accepter que l'échec fait partie de l'équation de notre marche vers la réussite est une condition nécessaire mais pas suffisante. Nous devons aussi reconnaître notre part de responsabilité lorsqu'il survient. C'est ce que font les gens qui rebondissent : ils ne cherchent pas à blâmer les autres pour leurs propres erreurs. Ils ne fuient pas devant l'éventualité de l'échec. Ils ne renient pas la peur qu'il peut engendrer.

Nous gagnons toujours à admettre l'éventualité que l'une de nos initiatives ne fonctionne pas. Une telle attitude nous permet de savoir jusqu'où nous sommes prêts à aller dans l'aventure. Elle nous offre aussi la possibilité de prévenir certains effets pervers qui nous auraient peut-être échappés et d'anticiper une partie des retombées. Elle limite enfin l'effet de surprise en cas de déconvenue. Nous sommes ainsi mieux préparés à accueillir le résultat de nos démarches, qu'elles soient couronnées de succès ou frappées par la désillusion.

Nos vies sont une somme d'essais-erreurs

Les gens qui rebondissent trouvent en eux la force de croire que ce n'est pas parce qu'ils ont manqué la cible qu'ils échoueront à tous les coups. C'est leur botte secrète pour s'autoriser à remettre le couvert et faire de nouvelles tentatives, encore et encore. Ainsi perçu, l'échec prend une autre tournure : il devient **ajustable**.

Reconnaître l'échec et en accepter l'éventualité sont deux ressources qui nous autorisent à utiliser les revers que nous subissons aujourd'hui comme levier pour construire nos futures réussites. Comme le disait John Kennedy : « *Une erreur ne devient une faute que si l'on refuse de la corriger.* » L'ajustement de l'échec, c'est le retour que nous faisons sur ce qui est allé de travers pour comprendre ce qui s'est passé et rectifier le tir afin d'améliorer notre prochaine initiative.

#ÉCLAIRAGE

Luc Poirier

Luc Poirier est un entrepreneur et homme d'affaires québécois. Précoce, il se lance en affaire dès l'âge de 14 ans. Intuitif, le jeune garçon issu des quartiers populaires de Longueuil (Montréal, Québec) est doué : il génère avant sa majorité, un chiffre d'affaires proche du demi-million de dollars. Au fil des ans, il sera à la tête de plusieurs entreprises dans différents domaines (vente de détails, restauration, production manufacturière…) Luc trouve dans l'immobilier le terrain d'expression de sa pleine créativité et devient, en moins de 15 ans, une référence dans le secteur. Il est aujourd'hui à la tête de plusieurs dizaines de millions de pieds^2 de terrain [4] à développer à travers le Québec.

En tant qu'entrepreneur, quelle est ton expérience de l'échec ?

J'ai du mal à me rappeler d'un échec en particulier… Pas que je n'en ai jamais eu, mais je n'ai jamais ressenti ce sentiment après avoir investi dans une affaire qui n'a pas marché. Tous mes investissements n'ont pas toujours été prolifiques financièrement, mais ils m'ont tous appris quelque chose. D'une certaine façon, je suis toujours ressorti un peu plus « riche » de chacune des affaires dans lesquelles je me suis engagé.

Je n'ai pas de regret. Je n'en ai pas et je n'en aurai jamais. J'ai traversé des épreuves difficiles, immensément stressantes et souvent déstabilisantes. À chaque fois que quelqu'un me disait : « *ce n'est pas*

[4] Le pied^2 est une unité de mesure de superficie. Un pied^2 équivaut à 0,092903 mètre^2.

possible » ou « *ne le fais pas, c'est bien trop risqué* », je m'entêtais à donner tort à cette personne en mettant tous les efforts nécessaires.

Si tout devait être à refaire, je ne changerais rien et je retraverserais les mêmes épreuves, aux mêmes moments, aux mêmes endroits. Je vis la vie dont je rêvais enfant. Chacune de mes expériences m'ont mené où je suis aujourd'hui. Je pourrais tout perdre demain, ma réponse resterait la même.

Comment définis-tu l'échec ?

L'échec est associé à un sentiment de culpabilité. Vivre un échec c'est se dire : « *Je n'ai pas été assez bon* » ou « *J'aurais pu/dû mieux faire.* »

Je reçois beaucoup de messages d'entrepreneurs qui ont fait des dépressions suite à des « échecs » en affaire. Souvent, ils les cachent à leurs proches, principalement parce qu'ils s'en veulent, parce qu'ils mettent toute la responsabilité sur leurs épaules. Souvent, ils regrettent leur engagement émotionnel dans le projet et disent avoir « perdu du temps ». Quand on s'investi émotionnellement dans un projet qui nous prend du temps, c'est légitime de vivre une perte comme un échec, mais il ne faut pas regretter le temps et les efforts qu'on a dépensés, car ils sont des sources d'apprentissage énormes.

Une perte est une perte. Il faut la prendre comme elle vient, la gérer et ne pas l'intellectualiser. L'échec, c'est savoir qu'on n'a pas mis tous les efforts et toutes les ressources nécessaires à la réalisation d'un projet.

À l'inverse, il est possible de ressentir une forte sensation d'accomplissement sur un projet pour lequel on s'est dépassé, sur lequel on a repoussé ses propres limites et *in fine*, grâce auquel on est devenu meilleur.

En d'autres termes, l'échec en affaire n'existe pas. C'est un sentiment. La perte c'est un fait, c'est mathématique. Un problème mathématique se résout de manière cartésienne. Pour l'échec c'est une autre histoire.

Quel est ton super-pouvoir pour y faire face, le surmonter, et en faire un levier de rebond ?

J'ai une recette qui marche bien pour moi. Libre à chacun de trouver la sienne. Elle tient en trois points :

1/ Le recul : c'est très important. Savoir couper avec un projet. S'aérer l'esprit, sortir son nez de ses papiers, de ses chiffres, de ses tableaux... Ne pas tout de suite faire une rétrospective, car elle ne sera pas objective. On prend un moment, on fait autre chose, on met tout ça de côté et on y reviendra plus tard. Ce qui me recharge les batteries, c'est de passer du temps en famille avec ma femme et mes enfants sans penser à rien d'autre.

2/ L'objectivité : après quelques jours ou quelques semaines, je repense aux étapes du projets et j'essaie de comprendre où ça a coincé et pourquoi ça n'a pas marché comme je le souhaitais. Mon regard est différent, plus honnête, presque neuf. Il faut savoir faire le tableau de ses bons et de ses mauvais points, sans ego et sans fierté mal placée. Il faut cibler le problème, l'accepter pour ne plus que ça se reproduise.

3/ Le rebond : une fois le bilan fait, il faut rebondir ! Ne jamais rester sur une affaire qui n'a pas abouti. Se relancer sur un autre projet, c'est comme un sportif qui reçoit un coup. Tant que tu n'es pas KO, tu te relèves parce que la partie n'est pas finie.

Luc Poirier fait partie des personnes aux parcours que j'aime comprendre et dont j'aime parler. En effet, Luc s'est construit chemin faisant. Comme il le dit lui-même : « *Certaines personnes qui voient mon succès actuel me reprochent parfois d'avoir des goûts luxueux, d'être un capitaliste de tout, de rouler en Ferrari ou en Tesla et en fait dans les deux, mais je ne crois pas qu'il y ait parmi mes détracteurs beaucoup de gens qui aient crevé de faim ou aient dû, comme moi pendant des années, manger des conserves, souvent périmées.* » [71]

Au départ, Luc ne disposait d'aucune carte qui laissait présager de sa réussite. Les premières dont il se dote et qu'il transforme en atouts, ce sont précisément des cartes de hockey. En misant sur la différence des marchés, il achète et vend des cartes à l'effigie de joueurs célèbres… mais pas au même endroit. Les anglophones du Canada préféraient Wayne Gretsky – considéré comme le Michael Jordan du hockey sur glace –, alors que les habitants du Québec francophone recherchaient Patrick Roy, le populaire gardien de but qui devint entraîneur. En allant chercher chez les anglophones les joueurs intéressés par les francophones et *vice versa*, l'adolescent a parfois fait 400 dollars de profit sur la vente d'une carte. Le sens des affaires de Luc s'est révélé et il l'exploite depuis lors.

L'anecdote suivante est caractéristique du rebond sur ce qui aurait pu constituer un échec dans la trajectoire de Luc. Lorsque la location à bas prix de vélos urbains commence à se développer un peu partout dans les grandes villes du monde, Luc Poirier pressent le potentiel du domaine. Il fait donc offre à la Ville de Montréal pour racheter Bixi, l'initiative publique mal en point. Luc croit à tort être le seul à s'être positionné et s'imagine déjà aux commandes lorsqu'il apprend que Bixi a été vendue à quelqu'un d'autre.

Faute d'avoir Bixi, et afin de ne pas rester sur un sentiment d'échec, Luc Poirier démarre avec deux partenaires une entreprise similaire, baptisée Bewegen. Comme il le souligne : « *Notre projet et ses améliorations ont plu : on a commencé à livrer dans plusieurs villes à travers le monde. L'avenir semble très prometteur. Une porte se ferme… Une autre s'ouvre !* » [72]

Sans ajustement et adaptation, chaque tentative infructueuse se solde par un échec qui nous laisse un goût amer. À l'inverse, accepter de retourner à un événement potentiellement douloureux, frustrant ou perçu comme un revers nous offre l'opportunité de voir ce qu'il est possible de faire avec et, peut-être, de renverser la situation initialement défavorable pour la rendre avantageuse.

Carol Dweck, professeur de psychologie sociale à l'Université de Stanford, nous éclaire sur la psychologie à adopter : « *Quand les gens arrêtent de penser en terme de bons versus mauvais ou de fort versus faible comme l'état d'esprit fixe l'encourage, ils sont davantage capables d'apprendre des stratégies utiles et aidantes par rapport à la maîtrise de soi. Toute défaillance ne voue pas à l'échec. C'est comme tout le reste dans l'état d'esprit de développement : cela vous rappelle que vous êtes un être humain inachevé et que cela peut servir d'indice pour mieux faire la prochaine fois.* » [73]

L'échec est une répétition

Lorsqu'il est analysé et utilisé pour mieux nous y prendre lors d'une prochaine tentative, l'échec devient un outil de notre **processus d'apprentissage**. C'est certainement l'un des plus désagréables. Pourtant, pour chaque domaine dans lequel nous pouvons nous reconnaître un certain degré de maîtrise, nous avons dû nous exercer pour atteindre ce niveau.

Chaque compétence que nous développons est le fruit d'un entraînement plus ou moins poussé. Ce que l'on appelle *talent*, à savoir l'aptitude naturelle, la prédisposition spontanée, joue un rôle facilitateur, mais ce qui fait la différence, c'est notre investissement dans la démarche d'apprentissage, de compréhension et de progression.

”

La chose la plus précieuse que vous pouvez faire est une erreur. Vous ne pouvez pas apprendre quelque chose de la perfection.

ADAM OSBORNE
informaticien britannique

Inspirons-nous de toutes les personnalités que l'on avait dissuadées, peu importe le domaine considéré, et qui ont réussi malgré tout, déjouant ainsi les pronostics et démontrant que la partie n'est jamais perdue d'avance – ni gagnée d'ailleurs. [74]

Lorsque nous apprenons à marcher, les étapes pour mettre un pas devant l'autre sont semées d'embuches. Il nous faut nous lever, trouver l'équilibre, avancer un pied et faire de même avec l'autre. À chaque moment, nous pouvons trébucher, tomber et échouer. C'est d'ailleurs ce qui arrive à la grande majorité d'entre nous. Il en est de même pour l'enfant qui apprend à parler, à lire, à écrire, à dessiner et, bien entendu, à rouler à vélo.

Preuve que cette démarche s'applique à tous les domaines, mentionnons ce dicton propre aux jongleurs : « *Si tu ne fais pas tomber tes balles, c'est que tu n'es pas en train d'apprendre. Et si tu n'es pas en train d'apprendre, c'est que tu n'es pas un vrai jongleur.* » [75] Quel que soit le secteur concerné, c'est par l'exercice et l'entraînement que nous arrivons à acquérir la maîtrise.

Le professeur Tal Ben-Shahar le souligne : « *Si l'on n'apprend pas à échouer, on échoue à apprendre.* » [76] C'est en nous frottant à l'apprentissage que nous tannons le cuir dont nous sommes faits. C'est en affrontant l'adversité que nous mesurons de quoi nous sommes capables. C'est en nous confrontant à nos limites que nous les repoussons.

Le conférencier québécois Martin Latulippe l'exprime bien : « *Je suis convaincu que vous avez aussi votre propre liste de*

OUCH ! où la vie est humblement venue vous apprendre de belles leçons (...) Je rencontre des gens tous les jours qui baissent malheureusement les bras face à un obstacle qui est venu blesser leur ego. Il faut avoir la force de ne pas personnaliser ces épreuves, mais plutôt de les voir comme un passage obligé, une occasion de grandir et d'être plus fort. » [77]

L'échec comme processus fait aussi référence au temps dont nous avons besoin pour absorber le choc d'une déconvenue et nous remettre d'une débâcle. Nous passons par différentes phases et c'est finalement ce qui nous permet d'évoluer.

”

La vie est une version bêta.

JEFF JARVIS
journaliste et éditorialiste américain [78]

Nous ne sommes pas parfaits : l'échec est un ingrédient de notre évolution

C'est si évident : en tant qu'êtres humains, si nous étions incapables de nous adapter aux changements, notre espèce aurait disparu depuis longtemps. Nous aurions succombé dès les premiers assauts d'une bête préhistorique terrifiante. Nous n'aurions pu supporter les changements climatiques, nous n'aurions pu faire de feu. Faute d'adaptation, nous n'aurions pu construire le monde dans lequel nous vivons ni façonner nos trajectoires chaque jour.

Lorsque l'échec est vu comme ingrédient d'**évolution**, il nous apprend que nous avons besoin de nous adapter pour survivre en tirant parti du contexte pour en faire un vivier d'opportunités. Dans cette optique, il nous arrive d'avoir des ratés, de louper le coche ou de trébucher. Lorsque nous cherchons à progresser, à nous développer et à nous élever, il est normal de nous cogner la tête de temps à autre. Qui a dit que ce serait facile ?

Nous devons accepter de progresser sans pour autant tout contrôler (tant de facteurs nous échappent). Nous devons composer avec l'incertitude du résultat (qui peut prétendre avoir la boule de cristal ?) et nous devons aussi éviter le piège du perfectionnisme. Vouloir que tout soit parfait nous place naturellement en situation d'échec, puisque la perfection n'existe pas. [79] Et puis, il faut bien reconnaître que *« La nature ne semble pas se préoccuper outre mesure de savoir si nos décisions sont parfaites ou non tant que nous ne nous en sortons pas trop mal et sommes suffisamment vigilants dès que notre survie est en jeu. »* [80]

INSPIREZ-VOUS

Fin 2016, le navigateur français Thomas Coville pulvérise le record du tour du monde à la voile en solitaire. Avec un temps de 49 jours, 3 heures et 7 minutes, il met 8 jours de moins que son adversaire et précédent détenteur du record depuis 2008, Francis Joyon.

Thomas Coville explique sa victoire par les avancées technologiques réalisées sur son bateau, ainsi que par son aptitude à gérer l'échec : « *Je suis tombé, je me suis relevé et c'est tout ça qui fait que j'ai eu cette force mentale. L'expérience, c'est ce qu'on fait de ses échecs. Je peux dire aujourd'hui que je les ai valorisés. C'est ça ce dont je suis fier.* » [81] Son record, Thomas Coville l'a établi après 4 tentatives infructueuses.

L'échec nous fait peur parce qu'il éveille le doute sur nos capacités : notre cerveau, dans l'ensemble des idées erronées qu'il élabore, nous fait croire que les génies échappent à l'échec en y arrivant du premier coup et sans effort. Du coup, face à nos déconvenues et dans toutes les situations où nous devons nous accrocher pour y arriver, nous avons tendance à remettre en question nos capacités. Rappelons-nous que, quels que soient nos défis, si c'était facile, tout le monde pourrait le faire.

Apprendre de nos échecs demande de nombreuses qualités, parmi lesquelles l'humilité, la lucidité, la détermination qui font partie du terreau pour nous faire grandir. L'humilité est nécessaire pour nous remettre en question en laissant notre ego de côté. La lucidité intervient pour nous aider à porter un regard différent sur ce qui nous est arrivé. La détermination nous pousse à nous reprendre en mains et nous remettre en chemin malgré la chute.

"

Échouer à se préparer, c'est se préparer à échouer.

RICHARD BRANSON,
fondateur de Virgin [82]

L'échec est une ressource utile

De nombreuses personnalités relatent l'utilité de l'échec dans le processus de progression vers l'objectif. L'auteur anglais Simon Sinek a déclaré : « *La grandeur ne naît pas d'un succès. La grandeur vient de la persévérance dans les innombrables tentatives préalablement infructueuses.* » [83]

Dans le mot *futile*, il y a le terme *utile* : même s'il nous semble vain en apparence, l'échec est un levier. C'est une ressource **utile** : il s'agit à la fois d'un point de départ (lorsque nous y sommes confrontés), d'un point d'appui (lorsque nous sommes tombés et que nous voulons nous relever) et d'un point de vigilance (lorsque nous sommes en route).

C'est dans la détermination à tracer notre route en dépit des embûches et malgré les obstacles que la vie est intéressante et l'aventure palpitante. S'il n'était qu'un long fleuve tranquille, notre passage sur Terre serait probablement moins chaotique, mais aussi plus terne. Pour la majorité d'entre nous, s'il n'y a pas de hauts et de bas dans notre vie, c'est que nous sommes déjà morts ou en passe de l'être. C'est ici qu'il est utile : l'échec nous maintient en vie. Il nous pousse à rebondir, nous donne envie de tenter à nouveau l'aventure, d'atteindre cet objectif ambitieux, de toucher cette réussite qui nous file entre les doigts jusqu'ici.

C'est peut-être sur l'utilité que l'échec a le plus de détracteurs. En font partie Jason Fried et David Heinemeier Hansson, fondateurs de l'application collaborative Basecamp. Ils questionnent : « *En réalité, qu'apprenez-vous de vos erreurs ? Ce que vous ne devez pas refaire, peut-être, mais encore ? Vous ne savez toujours pas ce que vous devez faire. Vos succès sont beaucoup plus instructifs. La réussite donne de vraies armes. Quand quelque chose réussit, vous savez ce qui a fonctionné, vous pouvez donc le refaire.* » [84]

En cas de succès comme en cas d'échec, c'est la leçon que nous tirons de l'expérience qui est importante, plus que son résultat : il peut y avoir des réussites inutiles et des échecs utiles. Tout dépend de ce que nous en ferons.

Tant dans la réussite que dans l'échec, nous pouvons apprendre ou bien échouer à apprendre. En situation de victoires, nous pouvons ainsi ignorer les doutes, les peurs et les risques. De nombreux exemples de ce livre l'ont déjà démontré (les navettes Challenger et Columbia de la NASA, entre autres) : c'est souvent lorsque nous procédons de cette façon que l'échec vient nous rappeler l'humilité qui nous a fait défaut. À l'inverse, nous pouvons refuser d'apprendre de nos échecs. Comme dans la spirale infernale, nous les disqualifions. Nous connaissons les risques d'une telle démarche : en rétrécissant notre champ de perceptions, nous fixons nos propres limites.

Quel que soit le cas de figure – c'est en cela que l'échec est utile –, nous avons besoin de ce qu'Erik Kessels décrit dans *Parfaites imperfections* comme *« un espace où nous pouvons nous tromper en toute liberté, tester et développer des idées avant de les présenter au reste du monde. »* [85]

INSPIREZ-VOUS

Le milieu scientifique est particulièrement concerné par l'échec utile. Les expériences dont les résultats sont négatifs constituent un matériau précieux pour permettre aux chercheurs d'avancer dans de nouvelles voies.

Deux chercheurs français, Rémi Thomasson et Antoine Muchir, ont donc décidé de lancer une plateforme dédiée à ces résultats jusque-là non exploités. La jeune revue *Negative Results* consigne les recherches dont les résultats se concluent de manière négative. Rémi Thomasson explique la démarche : « *Lorsque nous élaborons une hypothèse, on le fait à partir des données déjà existantes. Mais il nous manque une grosse part des résultats, et l'on risque de tester des hypothèses déjà invalidées par d'autres. Les cartes routières indiquent bien les culs-de-sac, on n'oblige pas les conducteurs à tous les tester pour s'apercevoir qu'ils ne débouchent sur rien ! Publier les résultats négatifs, c'est permettre aux chercheurs de travailler avec les deux yeux ouverts.* » [86]

La qualité d'un homme se calcule à sa démesure ; tentez, essayez, échouez même, ce sera votre réussite.

JACQUES BREL
auteur-compositeur-interprète belge

Nous sommes acteurs de notre réussite ; l'échec en est le carburant

Voir l'échec de manière constructive, ce n'est pas l'écarter de l'équation. Bien au contraire, c'est l'intégrer au cœur même du processus de progression. Il y occupe d'ailleurs une place privilégiée : si l'humilité, la lucidité et la détermination sont des rouages indispensables à notre réussite, l'échec en est le **carburant**.

S'il est complice de nos chutes, l'échec nous donne aussi souvent l'énergie pour nous en relever quand nous refusons la défaite. S'il est un obstacle qui nous freine, l'échec est aussi un ressort sur lequel rebondir lorsque nous savons que nous sommes en marche vers un objectif qui nous enchante. S'il nous met le visage dans la boue lorsque nous trébuchons, l'échec est aussi la force qui nous fait lever la tête vers les étoiles.

Quand nous focalisons toutes nos ressources sur un projet qui nous tient à cœur sans savoir si le résultat sera gagnant, il est encore là pour nous pousser à aboutir. C'est certainement l'interprétation positive que nous pouvons faire de cette phrase de la romancière irlandaise Joséphine Hart : *« Les gens endommagés sont dangereux. Ils savent qu'ils peuvent survivre. »* [87]

L'attitude constructive face à l'échec se compose des 7 éléments suivants : carburant, ajustable, personnel, outil d'apprentissage, utile, relatif, évolution. Comme pour la spirale infernale, utilisons l'équivalent anglais de ces termes : **F**uel, **A**djustable, **I**ntimate, **L**earning tool, **U**seful, **R**elative, **E**volution. À nouveau, nous obtenons la version anglaise de l'échec : « FAILURE ». CQFD.

Les deux versions coexistent, elles ont chacune leur place. Dans les deux configurations, l'échec est là. Comme pour souligner qu'au départ d'un même objet d'attention, nous pouvons porter deux analyses différentes. Comme pour nous rappeler aussi quelle face de l'échec nous pouvons choisir de regarder. Comme pour nous indiquer à quel point la grille de lecture que nous appliquons aux revers que nous subissons change les perspectives qui en découlent. Échec et réussite sont deux faces d'une même pièce : si chaque médaille a son revers, derrière chaque revers, il y a une médaille à aller chercher.

Pour étayer le raisonnement jusqu'au bout, la phonétique du mot anglais *failure* ressemble étrangement à celle du mot français *fêlure*. Qu'est-ce qu'une fêlure si ce n'est une brèche qui laisse passer la lumière ?

”

There's a crack in everything. That's how the light gets in. [1]

LEONARD COHEN
chanson Anthem [88]

[1] Il y a une fêlure en toute chose. C'est ainsi que s'infiltre la lumière.

- Parfois, ce sont les personnes que l'on imagine capables de rien qui font des choses que personne n'aurait imaginé.

Alan Turing (Benedict Cumberbatch),
personnage du film *The Imitation Game,*
(Réalisé par Morten Tyldum, *Black Bear Pictures,* 2014)

TROISIÈME PARTIE

Les ressorts pour rebondir

Entrée à l'université : mon troisième échec

Septembre 1996. J'entre à l'Université de Liège en Belgique pour entreprendre des études de criminologie. J'arrive avec quelques atouts (enthousiasme, curiosité, envie d'en découdre) et je ne suis pas sans armes : j'ai fièrement terminé ma scolarité sans difficulté ni grands efforts jusqu'ici. Ma professeure et titulaire de classe l'année précédente, Lucia Fava, avait annoncé lors de l'ultime réunion de parents : « *Son plus grand danger, c'est sa facilité.* » Belle prophétie annonciatrice de la suite de mon parcours.

En Belgique, la criminologie n'a pas de porte d'entrée directe. Il faut emprunter une autre filière – quelle qu'elle soit – et réussir une à deux années d'études pour embarquer ensuite de plain-pied dans la crimino. [1]

Me voici donc en première année de droit. Passer d'une classe de 24 élèves à un amphithéâtre de 600 étudiants n'est pas spécialement de nature à me déstabiliser. Appliqué, j'assiste aux cours, je prends des notes et fais tout ce que je crois être bon pour y arriver.

Arrive le premier examen de fin de trimestre qui permet, en cas de réussite, d'être dispensé de la matière vue jusque-là. Ma dégringolade commence. Je le rate. J'y mets pourtant du cœur, mais ma maîtrise du sujet est clairement insuffisante. Qu'à cela ne tienne, je réussirai les suivants… ou pas. J'arrive à la première session d'examens en juin sans aucune dispense. Pire, je rate tous les cours. Absolument tous. Qu'il s'agisse d'un examen oral ou d'un

[1] Qui s'étonnera dès lors de mon affection pour les chemins de traverse ?

écrit, d'un questionnaire à choix multiples ou de réponses ouvertes, je n'obtiens la moyenne requise, 12/20, à aucun des 13 ou 14 cours de première année. Battu sur toute la ligne, le résultat est sans appel : Université 14, Fred 0.

Je garderai toute ma vie l'image de mes parents, à chaque retour d'examen. Dans leur regard, à chaque fois, le même espoir déçu. Dans mon cœur, à chaque fois ce même pincement – je le ressens 20 ans plus tard en écrivant ces lignes. Au-delà de ma fierté et de mes propres désillusions, je suis consterné devant notre impuissance, la leur comme la mienne, face à ce qui m'arrive. Je me fais écraser par l'imposante machine universitaire dont je découvre à peine les rouages. En début d'année, quelques professeurs avaient pourtant annoncé la couleur : *« Entre ceux qui abandonnent et ceux qui ratent, des places assises vont se libérer dans l'auditoire dans quelques mois. »*

Pourtant, mon entrée à l'université n'avait pas été prise à la légère. Issu de l'immigration italienne – mes grands-parents sont arrivés en Belgique pour travailler dans la mine et mes parents ont eu des carrières d'ouvriers –, on s'était demandé dans la famille si j'avais *« le niveau pour faire l'unif. »* La question était d'autant plus criante que Papa avait perdu son travail trois ans plus tôt et nos moyens étaient ce qu'ils étaient. Financer les études universitaires et tout ce que ça implique faisait l'objet d'attention, même si mes parents m'ont toujours laissé libre de mes choix, m'assurant qu'ils trouveraient les ressources, quitte à se priver – ce qu'ils ont fait. [2]

Abandonner ou recommencer ? La vie nous apporte toujours des aides à la décision pour autant que nous soyons prêts à les reconnaître. Depuis un an ou deux, je cherchais

[2] Je remercie mes parents et leur suis reconnaissant de leur soutien sans faille. Je leur dédie mes initiatives entrepreneuriales et ma trajectoire, avec l'espoir de les rendre fiers et de me montrer à la hauteur de leur confiance.

un travail d'étudiant pour gagner de l'argent de poche durant l'été. Cette fois, c'est la bonne : je suis sélectionné par un supermarché pour y travailler pendant les périodes de vacances scolaires, puis tous les samedis.

Avec mes parents, nous convenons de m'inscrire pour la deuxième session prévue en août-septembre : si je réussis la poignée d'examens que je choisis de représenter, peut-être y aurait-il de l'espoir et nous pourrions entrevoir que je recommence ma première année. Dans cette hypothèse, j'aurais engrangé l'une ou l'autre dispense et je pourrais contribuer en partie au financement de mes études, à hauteur des moyens que mon travail d'étudiant me procurera.

Lors de la seconde session, c'est mal parti : je rate le premier examen. Heureusement, je réussis les deux suivants. Le bilan est faible et c'est bien peu par rapport à la douzaine qui m'attend encore si je recommence l'année. Et pourtant, il me semble rétrospectivement que c'est là que tout s'est joué : ces deux examens réussis m'ont permis de comprendre ce qu'il faut donner et mettre dans la bataille pour la remporter.

Abandonner ou recommencer ? Avec l'accord et le soutien de mes parents, je reprends le chemin de la première année de droit quelques semaines plus tard. Je réussis les dispenses au prix d'une anecdote épique que je relate en note. [89] Je trébuche malgré tout sur un examen qui me donne droit à ce qui sera ma dernière deuxième session.

Après cette « deuxième première année », je réussis chaque année dès la première session, ce qui me permet de travailler comme étudiant durant l'été sans devoir jongler avec des examens à rattraper. [90] Cinq ans après mon entrée à l'université, je décroche mon diplôme de criminologue avec la Plus Grande Distinction.

Si le fait de rater une année d'étude n'a peut-être rien de dramatique pour vous, échouer a été douloureux pour moi et, je le crois, pour mes proches. Pourtant, je suis reconnaissant depuis de nombreuses années de l'opportunité que cet échec m'a offerte. Comme Steve Jobs l'a déclaré à propos de l'époque où il a été licencié d'Apple : « *C'était une pilule très difficile à avaler, mais je présume que le patient en avait besoin. Dans la vie, une brique vous tombe parfois sur la tête. Gardez la foi.* » [91]

Cette expérience m'a permis de comprendre les règles du jeu, d'adapter mon niveau d'exigences personnelles et de travailler plus fort pour ne plus revivre une telle humiliation personnelle. Cette année ratée était le prix à payer pour réussir mes études. Maman me l'a répété à plusieurs reprises : « *Toujours à côté d'une épreuve vient se déposer une grâce.* » [92]

”

Je suis convaincu qu'il est préférable d'échouer dans ce que l'on aime plutôt que de réussir dans ce que l'on déteste.

GEORGE BURNS
comédien américain

Trois leviers à activer pour changer notre rapport à l'échec

Passer d'une spirale négative à une attitude constructive vis-à-vis de l'échec est plus facile à dire qu'à faire. Désamorcer les perceptions pour en changer prend du temps et ce n'est pas une mince affaire : c'est tout notre système de pensées et de croyances qui peut être ébranlé.

Or, nous l'avons vu, nous avons tout à gagner à reconnaître que l'échec fait partie du jeu. Tant dans nos carrières professionnelles que dans nos vies personnelles, quatre comportements positifs naissent de l'intégration de l'échec dans l'équation de notre fonctionnement global. L'expérience montre que ces éléments forment un ensemble qui PARE les retombées négatives et l'effusion des revers : [93]

- **P**révention : intégrer les déconvenues améliore l'anticipation des dysfonctionnements de chacun individuellement et collectivement en équipe ;
- **A**cceptation : reconnaître les revers offre une meilleure tolérance à l'égard des erreurs, les nôtres et celles des autres ;
- **R**ectification : identifier les ratés permet une correction plus rapide et réduit la contamination négative ;
- **E**xpérience : admettre la débâcle limite la répétition des mêmes erreurs.

Nous évitons ainsi que l'échec se répande et limitons l'hémorragie. Nous n'empêchons pas qu'il advienne, mais nous réduisons sa propagation et l'effet de contamination qu'il peut avoir sur notre vie et notre relation aux autres.

"

Être humain, c'est échouer à être une machine.

CHARLES PÉPIN
philosophe et écrivain français [94]

Revoir notre copie grâce à la résilience

Avec nos failles et nos forces, nos convictions et nos doutes, nos expériences heureuses et malheureuses, évitons de renier ce qui nous arrive. Ne faisons pas comme si tout était toujours parfait, mais ne noircissons pas non plus le tableau plus qu'il ne l'est. Accepter de voir les choses comme elles sont en reconnaissant nos échecs et nos cicatrices est un premier pas qui nous remet en position d'acteur de notre développement.

Éviter la conduite d'échec [95]

La crainte d'échouer peut survenir lorsqu'on parle de... réussir. Trop souvent encore, réussir suscite la méfiance, la jalousie, les critiques. Du coup, il arrive alors que nous nous prenions intentionnellement les pieds dans le tapis qui conduit au podium. Nous mettons en œuvre, de manière délibérée ou inconsciente, des stratagèmes qui vont nous barrer la route de nos propres accomplissements.

La conduite d'échec, ou névrose d'échec, désigne la capacité d'un individu à se saboter pour ne pas réussir. Nous nous mettons nous-mêmes en faillite en développant des stratégies inconscientes pour organiser notre fonctionnement quotidien de manière à échouer dans ce que nous entreprenons. Dans ces manifestations extrêmes de névrose d'échec, la personne peut devenir masochiste et intolérante au succès, aussi petit soit-il.

Voir les choses comme elles sont nous soumet à l'épreuve des biais qui influencent notre perception. Trouvons une forme de balance, de pondération dans la lecture que nous faisons des événements qui nous arrivent. La nuance est souvent plus délicate à saisir que les extrêmes parce qu'elle implique de reconnaître qu'entre le tout et le rien, le zéro et le un, le succès et l'échec, il y a d'infinies possibilités.

Qu'est-ce que l'échec sinon notre rapport à cette palette plus ou moins tranchée avec laquelle nous colorons notre perception des événements ? Rapport émotionnel, rationnel, psychologique, tout se joue là, dans cet espace entre les bords. C'est là que nous pouvons construire, naviguer et progresser.

Revoir notre copie consiste à transformer la question : « *vais-je réussir ou échouer ?* » en « *que ferai-je avec ce qui m'arrive pour en faire une réussite ?* » Boris Cyrulnik pose l'enjeu : « *Le problème n'est pas de dire : "vous êtes blessé, vous êtes foutu." Il s'agit plutôt de faire passer le message : "vous êtes blessé, nous allons vous soigner, mais ensuite, qu'allez-vous faire de cette blessure ?"* » [96]

Dans les processus de reconstruction après un revers, identifier nos piliers de résilience est une grande ressource. Elle est d'abord scientifique : la résilience est l'aptitude d'un corps à résister à un choc ou à revenir à sa configuration initiale après une déformation.

En psychologie, la résilience désigne notre faculté à nous remettre d'un état de traumatisme, comme nous relever d'un échec par exemple. Il est question de « *la solidité d'un être humain exposé à des conditions de vie difficiles ou à des traumatismes importants.* » [97]

Dans la notion de résilience, la clé est le prolongement d'un état malgré des atteintes qui pourraient le modifier. Dans notre rapport à l'échec, la résilience consiste à survivre au revers, surmonter l'épreuve et revenir à qui nous sommes en intégrant l'impact subi.

Si nous sommes en vie, cela prouve que nous avons survécu à nos échecs jusqu'ici. Que nous soyons debout, alités, malades ou infirmes, nous sommes toujours là. C'est un signal réconfortant. À l'heure actuelle, seule la mort signe l'arrêt définitif de notre aptitude à nous remettre en selle – ceci dit sans savoir ce qui nous attend dans l'au-delà.

Tant que nous sommes vivants, nous disposons d'une capacité d'action. Nous pouvons faire bouger les lignes, à commencer par les nôtres : notre perception de nous-mêmes, des autres, du monde et de la vie. C'est là que notre relation à l'échec intervient.

À moins d'en décider autrement, nous devons reconnaître que l'échec n'est pas absolu, il est relatif. Il n'est pas permanent, il est temporaire, il n'est pas opposé à la réussite, il fait partie du processus.

”

Si quelque chose vous paraît suffisamment important, vous devriez tenter le coup, même si l'issue probable est l'échec.

ELON MUSK
entrepreneur américain [70]

#ÉCLAIRAGE

Marie-Josée Bernard

Marie-Josée Bernard est philosophe, titulaire d'un doctorat en Sciences de gestion. Elle est professeure à EMLyon Business School (France), coach de dirigeants et consultante. Elle a occupé des postes de DRH. Elle se consacre depuis plusieurs années à l'étude de la résilience entrepreneuriale et a accompagné des centaines d'entrepreneurs dans l'élaboration et la mise en œuvre de leurs projets. Elle a publié, en 2016, « Entrepreneuriat, parcours de vie et résilience » aux Éditions L'Harmattan. Elle y analyse d'une manière inédite le processus de la résilience entrepreneuriale et en démonte les ressorts à partir des parcours de vie d'entrepreneurs.

En tant que professeure, quelle est ton analyse de l'échec ?

En France, le rapport à l'échec est ambigu, teinté parfois d'un double discours d'apparent soutien et de compréhension et de sanctions sociales et financières. Une réalité concrète : la perte de l'entreprise implique souvent des pertes multipliées, argent, activité, relations, statut, honorabilité, et aucune couverture sociale.

La perte de l'entreprise peut être appréhendée de différentes façons, selon l'expérience, la personnalité, le profil psychologique et le contexte. La confrontation à cet événement est source de nombreuses réactions émotionnelles douloureuses : il peut y avoir de la sidération, un sentiment de désespoir, de détresse, de colère, de culpabilité, de honte.

Perdre l'entreprise que l'on a créée, c'est vivre la fin d'une aventure, la fin d'une expérience, la fin d'un engagement, parfois d'un rêve. C'est d'abord une blessure personnelle, narcissique, intime, c'est souvent une épreuve traumatisante sur bien des plans. Faire face à l'échec entrepreneurial, c'est apprendre de soi, se transformer et développer sa résilience, terme qui est devenu un adjectif souvent banalisé.

Comment définis-tu l'échec ?

L'échec n'est pas un état, pas un statut, pas un attribut propre à certains, « les perdants ». C'est une étape possible dans tout parcours de vie, et dans une vie d'entrepreneur, l'échec est naturellement lié à la prise de risque. Pour faire face à cet événement, il peut y avoir deux postures, deux approches :

Soit l'évitement de la souffrance par le refus de la notion d'échec : vivre la perte en pratiquant la minimisation des effets de celle-ci, par une forme de déni de son impact, permet d'atténuer la douleur, le sentiment de honte ou de désespoir, mais n'empêche pas la réalité des conséquences d'exister. Il faudra toujours trouver les mots pour expliquer la décision à ses collaborateurs, à ses fournisseurs, à ses partenaires, à son réseau, à sa famille… Et il sera peut-être plus difficile de se mobiliser pour affronter les différentes étapes de l'épreuve.

Soit le face-à-face avec la réalité de la notion d'échec : accepter la situation et l'affronter avec sa propre douleur, ses émotions, l'effet d'effondrement possible, l'épuisement et le sentiment possible d'infamie, permet de sortir différemment de l'épreuve et de créer les conditions d'un véritable apprentissage, y compris par la confrontation aux émotions négatives. Le processus de résilience implique le fait d'affronter la crise, le choc, l'accepter aussi parfois dans sa violence pour mieux y faire face, exprimer ses émotions, parfois sa colère, sa détresse.

Lors de notre étude auprès d'entrepreneurs ayant vécu cette expérience, nous avons pu constater que, le plus souvent, les entrepreneurs pratiquent une sorte d'oscillation entre ces deux attitudes qui les aident à traverser l'épreuve. Le dépôt de bilan, la liquidation judiciaire, représentent une expérience peu commune qui devient aussi un apprentissage et prend du sens lorsqu'elle est pensée, préparée, communiquée, organisée avec des étapes et avec des soutiens de l'environnement et de l'entourage plus familier. Les entrepreneurs qui témoignent d'un apprentissage réel sur eux-mêmes semblent plus en mesure de retrouver l'énergie d'un nouveau challenge quel qu'il soit.

Quelles sont les étapes-clés pour y faire face, le surmonter, et en faire un levier de rebond ?

- Restaurer sa santé physique et psychologique en prenant le temps du repos et de l'apaisement : accepter sa fragilité momentanée et le besoin d'être aidé et soutenu.
- Traverser le processus de deuil [98] grâce à l'auto-compassion, qui s'apparente à la capacité d'attention bienveillante à soi-même dans une situation difficile. Celle-ci est plus vitale qu'une violente culpabilité autodestructrice.
- Retrouver l'estime de soi en acceptant de partager son histoire, son expérience, son vécu avec d'autres. Etre écouté, entendu autant qu'écouter et entendre d'autres. Rendons hommage aux associations telles que 60 000 rebonds, SOS entrepreneur qui créent un environnement d'expression, de soutien et de suivi pour les entrepreneurs dans ce type de situation en France.
- Retrouver le sentiment d'auto-efficacité : prendre du recul sur soi, sa propre responsabilité, ses propres erreurs et modes de fonctionnement.
- Reprendre le contrôle interne de sa vie et repositionner ses priorités : sa santé, l'équilibre de vie, la qualité des relations et les moments partagés avec sa famille.
- Se centrer sur l'avenir, redéfinir un projet.
- Regarder positivement ses compétences et son parcours.
- Communiquer sur les épreuves comme source d'apprentissages.

S'approprier l'échec est une opportunité de renaissance, la possibilité d'acquérir une plus grande maturité, une intelligence de soi, de ses ressorts parfois restés dans l'ombre, et des enjeux de sa propre vie.

”

Si vous voulez augmenter votre taux de réussite, doublez votre taux d’échecs.

THOMAS J. WATSON
président d’IBM

Clarifier notre niveau d’exigence

Rendre nos vies intéressantes n’est pas toujours facile, surtout face à l’adversité. Or, c’est ce qui fait de nous qui nous sommes, des êtres humains à la fois uniques dans les chemins que nous empruntons et semblables aux autres dans nos dynamiques d’évolutions respectives.

Si nous voulons mieux réussir, nous devons accepter de défier nos propres limites. Nous ne pouvons pas espérer nous développer en stagnant. Ce qui pourrait sembler être un paradoxe est en fait compréhensible : si nous voulons nous surprendre, nous dépasser et grandir, nous devons nous frotter à l’adversité pour progresser. Chemin faisant, nous rencontrerons l'échec de nos premières tentatives infructueuses. C'est là que vient le travail, l'entraînement. *« Il ne suffit pas d'être sourd pour devenir Beethoven et se couper l'oreille n'a, jusqu'à preuve du contraire, jamais aidé qui que ce soit à peindre. »* [99]

Peur d'échouer ou peur de réussir ?
Tant de personnes aspirent à vivre pleinement, à faire des projets, à découvrir de nouveaux territoires de leur personnalité ou de leurs compétences. Rappelons-leur que la peur d'y arriver est souvent aussi paralysante que la peur d'échouer. Questionner nos mérites et attribuer nos succès à des facteurs externes (heureuses coïncidences, pur hasard ou relations opportunes) fait tellement partie de nous que 60 à 70% d'entre nous douteraient, à un moment ou à un autre, de la légitimité de ce qu'ils ont réussi dans leur vie. [100]

Oser réussir, c'est risquer l'échec. Et oser l'échec, c'est risquer de réussir. Quand nos initiatives prennent une tournure favorable qui nous fait entrevoir que nous pouvons y arriver, gardons le cap. Christophe Colomb n'a pas découvert l'Amérique en s'arrêtant en cours de route.

C'est la répétition de ce que à quoi nous voulons devenir bons qui compte. Quand nous entreprenons cet apprentissage, nous rencontrons les déconvenues. Lorsque nous sommes ignorants d'une discipline ou d'un savoir-faire, nous ne pouvons faire que nous améliorer et progresser. Mais quand nous avons atteint un certain niveau, il devient plus difficile de nous secouer pour continuer à apprendre et nous améliorer. Bien souvent, c'est là que nous nous mettons en situation d'échec.

Jouer pour gagner ou jouer pour ne pas perdre ?
Si chacun allait au bout de ce qu'il entreprend, nous serions tous champions dans nos disciplines. Ce qui amène certains à briser les plafonds de verre et atteindre des sommets, c'est le niveau d'engagement dans la démarche entreprise et la détermination face aux difficultés.

Dans la culture de l'échec, beaucoup vantent l'approche anglo-saxonne, pour ne pas dire américaine, du *fail fast*. *Échouer vite* est une dynamique agile d'essais-erreurs qui amène à des correctifs rapides en vue d'améliorations. Elon Musk en est un adepte, notamment pour SpaceX. Il partage notamment avec le public les tentatives loupées de ses ingénieurs lors des lancements des roquettes Falcon et les leçons apprises d'une tentative à l'autre.

SpaceX a une histoire remarquable à ce propos. Quand Elon Musk décide de mettre au point des fusées réutilisables pour effectuer des allers-retours dans l'espace, les trois premières tentatives sont des échecs. Malheureusement, le budget pour un quatrième essai manque tant chez SpaceX que dans les poches personnelles d'Elon Musk. La société doit trouver de quoi payer les employés à la fin de la semaine. La banqueroute est aux portes de l'entreprise et l'entrepreneur virtuellement sur la paille.

Elon Musk remue alors ciel et terre (investisseurs publics et privés, cercles d'amis, il ira même jusqu'à bluffer pour convaincre ses interlocuteurs) afin de trouver de quoi financer ce quatrième lancement. « *"Le lancement n°4 était le dernier," dira Musk. Cependant, si SpaceX réussissait, la société créerait la confiance auprès du gouvernement américain et de clients potentiels, ouvrant la voie au Falcon 9 et à d'autres projets ambitieux.* » [101]
Heureusement, cette quatrième tentative était la bonne.

Après avoir été un adepte du *fail fast*, Mark Zuckerberg prône aujourd'hui le *fail harder*. [102] Quitte à échouer, autant *échouer plus fort*. Tel est le message du fondateur de Facebook. On peut y voir une invitation à tenter le coup au maximum, à se donner à fond, à oser pleinement.

Si Mark Zuckerberg privilégie un échec cuisant à un tiède raté, c'est une question d'enseignements : il veut que ses équipes puissent en retirer des *valuable lessons*, des leçons de valeur, des apprentissages-clés solides, fondés sur une tentative complète, même manquée, plutôt que sur un test effectué à moitié.

Quand nous décidons de titiller nos limites et d'élever nos propres standards d'exigence, nous sommes gagnants : dans tous les cas de figure, il y aura un apprentissage à la clé de notre initiative. C'est la source de toute amélioration continue et de maîtrise durable. C'est aussi grâce à cette dynamique que nous pourrons dépasser un échec apparent et en faire un levier de progression.

”

Si quelque chose compte suffisamment, vous devriez la faire même si les éléments sont contre vous.

ELON MUSK
entrepreneur américain [103]

Anthony Ervin, nager pour échapper à sa propre noyade
Anthony Ervin est un nageur américain champion olympique et plusieurs fois médaillé d'or. [104] À 22 ans, dans la foulée de sa retraite sportive, il sombre dans la dépression, la drogue et les démêlés avec la justice. N'ayant plus goût à la natation, il cherche autre chose qu'il ne trouve pas.

Pour ne pas se donner la mort, il se met à voyager. Ouvert à d'autres cultures et à la méditation, il entreprend de donner des cours de natation à des enfants de New York et redécouvre le plaisir de l'eau. Ervin trouve une nouvelle motivation à nager et reprend l'entraînement. Il remonte la pente et se qualifie pour les Jeux olympiques de Londres en 2012 dont il termine cinquième du 50 mètres nage libre avec un temps de 21 sec 78.

En 2016, aux Jeux olympiques de Rio, Anthony Ervin devient le premier nageur de plus de 35 ans à remporter un titre olympique : il est médaillé d'or du 50 mètres nage libre en 21 sec 40, après avoir devancé le français Florent Manaudou d'un centième de seconde. Il remporte aussi la médaille d'or du 4 x 100 mètres avec l'équipe américaine.

L'analogie avec le parcours d'Edgar Grospiron est frappante. Ces tranches de vies nous prouvent qu'il est toujours temps de bien faire et qu'il est bon de définir un degré élevé d'exigences, chacun à notre niveau. Elles nous démontrent aussi l'importance de nous fixer des objectifs. Relever des défis implique de nous frotter à l'adversité. Souvent, c'est le prix à payer pour donner un sens à notre parcours et échapper à la noyade du *statu quo*.

Clarifier notre niveau d'exigence, c'est préciser ce qui compte pour nous et définir jusqu'où nous sommes prêts à aller. Cette démarche permet de mieux savoir pourquoi nous nous investissons et contribue à notre détermination à poursuivre face aux difficultés.

Quand nous choisissons d'oser, notre meilleure alliée est l'audace. L'audace de tenter le coup, l'aventure, la chance… et parfois le diable. L'audace d'y croire, de nous remettre en selle, de vouloir faire ce qui est nécessaire pour y arriver. L'audace, c'est défier l'échec et le prendre à son propre piège.

”

Ce sont les échecs bien supportés qui donnent le droit de réussir.

JEAN MERMOZ
aviateur français

Optimiser nos ressources pour mieux rebondir

Quand nous sommes confrontés à l'échec, nous avons tendance à nous replier sur nous-mêmes et nous isoler. Personne n'aime exposer ses failles au grand jour ni montrer ses cicatrices. Notre déconvenue peut aussi nous exclure de la communauté dont nous faisons partie. Nous sommes alors considérés comme le vilain petit canard.

Eviter l'isolement est l'un des enjeux-clés pour rebondir sur l'échec, parce que tout nous pousse à nous mettre à l'écart et y rester. C'est l'un des pièges que nous tendent les revers : nous pouvons difficilement nous relever en nous refermant sur nous-mêmes.

Bien entendu, nous avons besoin de temps pour nous : une faillite personnelle met à mal notre identité et nous devons nous stabiliser, cicatriser et reconstruire nos ressources internes affectées. Mais notre rebond se joue surtout avec les autres. Une main tendue peut nous tirer du fond du puits. Des mains croisées peuvent nous faire la courte-échelle et nous aider à surmonter l'obstacle qui nous a mis à terre. Le soutien bienveillant de l'autre peut nous montrer que nous ne sommes pas finis parce que nous sommes salis.

Croire que nous pouvons remonter seuls la pente, c'est surestimer nos capacités, surtout lorsque nous sommes au fond du trou. Bien nous entourer est crucial dans notre processus de rebond face aux revers. Pour y parvenir, nous devons trouver le courage de partager notre vulnérabilité et comprendre que les autres sont souvent prêts à nous apporter de l'aide si nous osons le leur demander en laissant notre orgueil au vestiaire.

”

Tu ne sais jamais à quel point tu es fort jusqu'au jour où être fort est ta seule option possible.

BOB MARLEY,
artiste jamaïcain

Gérer nos ressources consiste aussi à maintenir nos points forts à flot quand tout le reste de nous coule. C'est peut-être l'exercice le plus délicat, parce qu'il implique de limiter l'impact que l'échec peut avoir sur nos forces pendant que nous pansons nos plaies. C'est là que tout se joue : allons-nous nous laisser ensevelir ou trouverons-nous des piliers de rebond ?

Houston, we have a problem

Lancée le 11 avril 1970, la mission Apollo XIII devait permettre l'exploration de la Lune grâce à différentes expériences et au prélèvement de roches lunaires.

Après un décollage réussi et presque 56 heures de vol, à plus de 300 000 km de la Terre, un réservoir d'oxygène du module lunaire explose. La mission scientifique se transforme en course contre la montre dont l'objectif est d'assurer la survie des trois astronautes à bord de l'appareil : Jim Lovell, Jack Swigert et Fred Haise.

La trajectoire des astronautes est modifiée. Ils ne doivent plus se poser sur la Lune puis en revenir, mais bien poursuivre leur trajectoire pour en faire le tour et revenir sur Terre. Si la quantité d'oxygène restante est suffisante, le point d'attention est le taux de CO^2 qui risque de grimper et d'intoxiquer les membres de l'équipage. Au sol, les ingénieurs de la NASA font preuve d'ingéniosité et de sang-froid pour trouver des parades : ils conçoivent un adaptateur permettant de filtrer l'air au départ du matériel à disposition dans la navette.

Pour avoir réussi à maintenir en vie les trois astronautes et les avoir ramenés sur Terre, Apollo XIII est considérée comme *l'échec le plus réussi* – « *successful failure* » – de la NASA. La mission a établi un autre record : jusqu'ici, aucun être humain ne s'est éloigné de la Terre plus que l'équipage d'Apollo XIII, à plus de 400 000 km. Elon Musk et ses équipes repousseront certainement cette distance dans les prochaines années.

Le professeur Philippe Gabilliet annonce : « *Qui ose sortir des sentiers battus ne risque-t-il pas de se voir confronté tôt ou tard à l'épreuve de l'adversité, sous la forme de difficultés imprévues ou de revers inattendus ? Peut-être. Et c'est même là tout l'intérêt de la chose. Se mettre à découvert, s'exposer, oser s'aventurer hors des pistes balisées (...) On peut préférer une vie audacieuse et intense – remplie de rebondissements et d'imprévus agréables ou douloureux – à une vie heureuse mais hélas monotone.* » [105]

La plupart du temps, les ressources pour rebondir sont déjà en nous. Nous devons les actionner, les réactiver ou les exploiter à un point que nous n'aurions jamais cru. C'est ainsi que nous pouvons déjouer le piège de l'échec. Quand nous acceptons de grandir et d'oser face à l'adversité, nous créons des moments de vie grandioses.

Dépasser l'échec

Dans le fond, l'échec, qu'est-ce que c'est ?

L'échec est un événement sur lequel nous posons un regard particulier : comme il est éprouvant et désagréable, nous lui donnons une couleur négative. Pourtant, l'échec fait non seulement partie de notre apprentissage, mais il s'agit d'un passage obligé pour notre progression.

L'échec n'est pas une fin en soi, mais un moyen d'évoluer. Ce n'est pas la voie la plus agréable ni la plus appréciée. Ce n'est ni la plus facile ni la plus évidente. C'est pourtant la plus courante et la plus probable dès que nous choisissons de privilégier l'action à l'inertie.

”

Après le chaos, la vie peut repartir dans des directions imprévisibles tant les déterminismes sont nombreux. C'est là que poussent les héros.

BORIS CYRULNIK
psychiatre et psychanalyste français [106]

Souvent, le succès porte le masque de l'adversité. L'échec est une réussite qui se déguise. [107] Quand nous surmontons les difficultés et survivons aux déconvenues, nous trouvons une ressource, une corde supplémentaire à notre arc, un levier de rebond. Derrière l'apparence d'un échec se cache une clé, un apprentissage que nous pouvons transformer en enseignement pour mieux réussir.

Échouer, somme toute, c'est être humain. Comme le dit l'un de mes Héros, James Hetfield, guitariste-chanteur du groupe Metallica : « *Être humain, c'est être capable de merder et d'en tirer une leçon. Toucher une flamme et comprendre qu'on ne doit plus y mettre la main, faire des expériences, tenter tout dans la vie et comprendre que se tromper, faire quelque chose de mal, ou commettre des erreurs, c'est notre façon d'évoluer. Soyons indulgents avec nous-mêmes.* » [108]

Ne jamais abandonner ou lâcher prise pour avancer ?
J'ai déjà abordé ce sujet dans l'un de mes précédents livres, en relayant les propos de l'auteur Seth Godin. [109] Il conteste le dominant *N'abandonnez jamais* et le type de pensées qui affirment que *ceux qui abandonnent ne gagnent jamais et ceux qui gagnent n'abandonnent jamais*.

Ce serait drôlement chouette si ça fonctionnait comme ça à tous les coups, mais la pratique démontre autre chose : quand nous poursuivons dans une mauvaise direction, nous persistons sur une route qui nous est défavorable. Nous rencontrons ultimement ce que Seth Godin appelle la falaise : nous tombons alors de plus haut et risquons d'entraîner beaucoup plus dans notre chute que notre sentiment d'échec. Et que dire du cas où nous sommes engagés dans une impasse ? Mieux vaut abandonner cette voie au plus vite et changer d'itinéraire.

Il nous arrive parfois de rester bloqué parce que nous refusons de lâcher prise et faisons preuve d'abnégation au nom d'une cause supérieure, ou parfois simplement pour obéir à notre propre orgueil. Si la détermination est un atout pour réussir, l'abnégation devient nuisible dès lors qu'elle nous empêche de passer à autre chose. Plutôt qu'abandonner/ne pas abandonner ou faire preuve d'abnégation à tout prix, le point-clé est de rester en marche pour éviter l'inertie et d'évoluer avec détermination, même quand on a le vent de face.

Ce qui compte le plus, ce n'est pas ce qui nous arrive, mais ce que nous allons faire avec ce qui nous arrive. L'événement en soi compte moins que les leçons que nous en tirons et que les actions qui en découlent. Nous avons peu de prise sur ce qui est arrivé. Par contre, nous pouvons choisir les enseignements que nous tirons d'une situation malheureuse et les initiatives que nous prenons pour y remédier. Tant que nous respirons encore, nous pouvons faire la différence.

" **Rêvez grand et osez échouer.**

JAMES HETFIELD
Guitariste-chanteur du groupe Metallica [110]

One More Step : faire un pas de plus pour déjouer l'échec

” Pourquoi tombons-nous ? Pour apprendre à mieux nous relever.

Batman Begins

Né en 1963 à Birmingham, Blaze Bayley est auteur, compositeur et chanteur professionnel. Il démarre sa carrière avec Wolfsbane en 1984 avant de rejoindre le prestigieux groupe de Heavy Metal britannique Iron Maiden. Après deux albums et cinq ans de tournée sur les plus grandes scènes du monde, devant des millions de spectateurs, Blaze quitte Iron Maiden en 1999. Il démarre une carrière solo caractérisée par des tournées infatigables, la parution de nombreux albums studio et une proximité avec ses fans sans équivalent.

Lorsque les choses vont mal, écoutons la chanson poignante piano-voix *One More Step* que Blaze Bayley nous a autorisé à reproduire dans ce livre et à traduire. [3] Il explique : « *Chaque phrase de* One More Step *parle de mes propres combats. J'ai mis le genou à terre de nombreuses fois. Je ne suis ni un héros ni plus spécial ou talentueux que n'importe qui d'autre. Je suis simplement un être humain qui cherche à faire le mieux avec ce qu'il a. Et j'ai de la chance : j'ai une famille formidable et le soutien inconditionnel de mes fans.* » [111]

Les paroles de *One More Step* sont une ode au rebond et à la détermination à nous relever à chaque fois que nous tombons. En voici le texte original et notre traduction personnelle.

[3] Je témoigne à Blaze Bayley mes remerciements et ma gratitude pour son accord et son soutien.

One More Step

disponible sur l'album *The King of Metal*
Blaze Bayley Recordings, 2012
www.blazebayley.net

've tried to avoid falling down
A broken hearted man I fell down
any way
That is when I learned it's not the
falling down that counts
What counts is getting up again

When you get up it might seem like
a thousand, thousand steps to take
will be impossible
Just focus on this single step, forget
about the rest of them, all you can
do is

Just take one more step,
Just take one more step
I'm screaming in my head
Just take one more step
Just take one more step

'm standing up and going past the point
that I thought was the furthest
could go
You never know how tough you are
until your life is hard and that is
when you know

That is when you know that there
are some things that you fight for

J'ai tenté d'éviter les chutes
Homme au cœur brisé, je suis
tombé malgré tout
C'est là que j'ai appris que ce n'est
pas la chute qui compte
Ce qui compte, c'est de se relever

Se relever peut ressembler à
mille étapes à franchir et paraître
impossible
Concentre-toi sur le premier pas et
oublie tous les autres, tout ce que
tu peux faire c'est

Faire juste un pas de plus,
Faire juste un pas de plus,
Je le crie dans ma tête
Fais juste un pas de plus,
Fais juste un pas de plus

Je suis debout et dépasse le point
qui me semblait être le plus éloigné
que je puisse atteindre
Tu ne sais jamais à quel point tu es
fort jusqu'à ce que ta vie soit dure
et c'est là que tu te rends compte

C'est là que tu sais qu'il y a des
choses pour lesquelles tu te bats et

and some things you leave behind
Life will hit you hard and knock
down and keep you there, all that
you can do is

d'autres que tu laisses derrière
La vie te frappera fort et te mettra
à terre et te maintiendra là, tout ce
que tu peux faire, c'est

Just take one more step,
Just take one more step
I'm screaming in my head
Just take one more step

Faire juste un pas de plus,
Faire juste un pas de plus,
Je le crie dans ma tête
Fais juste un pas de plus

Don't count me out because I'm
down and you see me on the floor
Huh, I've been here before
It's « do or do » not « do or die » I've
got to get back home to you
That's all I want to do

Ne me croyez pas hors-jeu parce que je
suis à plat et que vous me voyez à terre
Hé, j'ai été là auparavant
C'est « fais ou fais » pas « fais ou meurs »
Je dois revenir à la maison pour toi
C'est tout ce que je veux

Sometimes my emotions get the
best of me
and then I feel just like I can't go on
But not I'm dead until I'm dead and
I am screaming in my head
« Pick yourself back up again »

Parfois mes émotions l'emportent
sur moi et je crois alors que je ne
peux pas continuer
Mais je ne suis pas mort tant que je
suis vivant et je le crie dans ma tête
« Relève-toi à nouveau »

And just take one more step
Just take one more step,
I'm screaming in my head
Just take one more step
I'm screaming in my head
Just take one more step

Et fais juste un pas de plus,
Fais juste un pas de plus,
Je le crie dans ma tête
Fais juste un pas de plus
Je le crie dans ma tête
Fais juste un pas de plus

- J'ai le sentiment que toute ma vie dépend de cet instant précis. Si je le rate…

- Moi, je pense le contraire. Si on rate ce moment, on essaie celui d'après, et si on échoue on recommence l'instant suivant. On a toute la vie pour réussir.

Boris Vian (L'écume des jours, 1947)

Échec et mat : puisqu'on récolte ce qu'on sème, plantons-nous

Si nous acceptons l'idée que l'échec fait partie de ce qui nous rend humain, alors toute activité humaine est concernée. Les exemples de ce livre le démontrent : sciences, sports, management, économie, entrepreneuriat, aucun domaine n'est épargné. Est-ce pour cela qu'il ne faut pas tenter ?

Dans l'expérience que nous faisons des épreuves, glorifier l'échec serait confondre la fin et les moyens. Ce serait croire qu'échouer est le but alors que l'échec, lorsqu'il survient, est une étape vers la réussite. Accepter l'échec, c'est le reconnaître pour ce qu'il est, sans le diaboliser ni l'encenser.

Nous échouons et rebondissons parce qu'il y aura toujours, parmi nous, des explorateurs, des aventuriers, des conquérants. Il y a dans la nature humaine cet appétit à débroussailler de nouveaux territoires, à emprunter des routes jusque-là inconnues et à repousser les limites.

Nous échouons et rebondissons aussi parce que nous sommes imparfaits et apprenons au fur et à mesure. C'est ce qui nous donne la possibilité d'évoluer sans rester figés. Puisque l'événement que nous appelons échec est arrivé, autant nous en servir et le rendre utile.

Quand nous nous en tenons à ce qui nous tombe dessus sans chercher à rebondir, nous manquons une occasion de faire mieux. Le vrai gâchis est peut-être bien l'ensemble de toutes ces opportunités non exploitées de faire de nos revers des coups gagnants.

Et s'il est vrai que nous parviendrons difficilement à transformer toute difficulté en succès, il nous appartient d'en faire des leviers pour avancer et nous élever. À chaque essai infructueux, nous nous exposons à la désillusion, mais à chaque essai non tenté, nous mourons un peu.

Au final, l'important dans l'échec, c'est de comprendre que pour pousser, nous devons nous planter. Et dans planter, il y a plan. En intégrant l'échec dans notre plan d'apprentissage, nous en faisons un levier de réussite. Mieux vaut échouer et apprendre que ne rien faire et attendre.

L'échec n'est pas agréable, mais il est souhaitable puisqu'il est le meilleur témoin que nous sommes en route sur le chemin de notre apprentissage, de notre évolution et de notre progression. Aussi je souhaite à chacun d'échouer, de trouver ses propres leviers de rebond et de savourer d'autant plus le bonheur de la réussite quand elle récompense notre aptitude à nous dépasser.

Pour aller plus loin

Ressources

Les livres qui ont inspiré ce livre

- Coll., *Ils ont changé le monde - Nelson Mandela, un héros africain*, Le Monde, Histoires, 2015.
- Coll., *The essence of success – 12 mini biographies, third edition*, Hyperos, 2014.
- BEN-SHAHAR T., *L'apprentissage de l'imperfection*, Pocket, 2009.
- BROWN B., *La force de l'imperfection – Les 10 clés pour vivre pleinement sa vie*, Leduc.s Editions, 2014.
- BRUNAT D., DUBUQUOI A., *Steve Jobs, figure mythique*, Les belles lettres, 2014.
- CAMERON J., *Libérez la créativité de vos enfants*, Dangles Éditions, 2014.
- CONSTANTY H., *Warren Buffett, le gourou de la finance*, Eyrolles, 3e Edition 2015.
- CYRULNIK, *Ivres paradis, bonheurs héroïques*, Odile Jacob, 2016.
- DOBELLI R., *Arrêtez de vous tromper !, 52 erreurs de jugement qu'il vaut mieux laisser aux autres…*, Eyrolles, 2012.
- DWECK C., *Changer d'état d'esprit – Une nouvelle psychologie de la réussite*, Mardaga, 2010.
- FAURE G., *Le meilleur pour mon enfant – La méthode des parents qui ne lisent pas les livres d'éducation*, Les arènes, 2015.
- FRIED J., HEINEMEIER H., *ReWork – Réussir autrement*, Maxima Laurent du Mesnil éditeur, 2012.
- GABILLIET P., *Eloge de l'audace et de la vie romanesque*, Saint-Simon, 2015.
- GOUGEON H., *Un bourdon sur les chemins de la réussite*, Editions du Bourdon, 2014.
- GRANATA A., *Le pouvoir de l'échec*, Les Editions La presse, 2016.
- GRAEME D., *De l'erreur à la découverte – L'origine des inventions les plus célèbres*, Marabout, 2014.
- GROSPIRON E., *Quand on rêve le monde*, Éditions Altal, 2006.
- HAZETTE P, Laurent Minguet – *Tribulations d'un entrepreneur liégeois, Collection Paradigmes*, Les Editions de la Province de Liège, 2015.

- HAIG M., *100 grands flops de grandes marques – Histoires vraies et les leçons à en tirer*, Dunod, 2011.
- HUMBEECK B., *De Blanche-Neige à Harry Potter, des histoires pour rebondir*, Collection Etre et Conscience, Editions Mols, 2015.
- JARVIS J., *La méthode Google*, Pocket, 2011.
- KERDELLANT C., *Ils se croyaient les meilleurs - Histoire des grandes erreurs de management*, Denoël, 2016.
- KESSELS E., *Parfaites imperfections : comment transformer ses erreurs en idées géniales pour se planter en beauté*, Phaïdon, 2016.
- LATULIPPE M., *L'exceptionnel pouvoir de votre potentiel*, Les Editions de la Francophonie, 2009.
- MARILLAC A. J., *La voie du héros, scénariser sa vie*, Québecor, 2009.
- MILOT S., *Le succès, ça s'apprend ! 9 clés pour réussir sa vie*, Les Editions de l'Homme, 2012.
- PEPIN C., *Les vertus de l'échec*, Allary Editions, 2016.
- PILE S., *Le Livre officiel des glorieux losers. Pourquoi réussir quand on peut échouer en beauté ?*, Denoël, 2016.
- POIRIER L., *Voir grand - Leçons d'affaires, de vie et de liberté*, Un monde différent, 2016.
- RAMIREZ BASCO M., *Y a-t-il des perfectionnistes heureux ?*, Les éditions de l'Homme, 2009.
- RUIZ D. M., *Les quatre accords toltèques, La voie de la liberté personnelle*, Poches Jouvence, 2005.
- SCHLENDER B., TETZELI R., *Becoming Steve Jobs - The Evolution of a Reckless Upstart into a Visionary Leader*, Crown Business, 2015.
- SCHELL J., *L'art du game design : 100 objectifs pour mieux concevoir vos jeux*, Pearson, 2010.
- SCHULZ K., *Cherchez L'erreur ! Pourquoi il est profitable d'avoir tort*, Flammarion, 2012.
- TOUGH P., *Comment les enfants réussissent – Détermination et curiosité, les pouvoirs cachés du caractère*, Marabout, 2014.
- VANCE A., *Elon Musk, How the billionaire CEO of SpaxeX and Tesla is shaping our future*, Ashlee Vance, Virgin Books, 2015.
- VAQUERA C., *Inspirations*, Lamiroy, 2013.

Les articles qui ont documenté ce livre

- 1001 Startups > #Startup : Arrêtons de glorifier l'échec ! http://1001startups.fr/startup-arretons-de-glorifier-lechec/
- 20Minutes.fr > États-Unis: Le CV de l'échec lui offre cinq entretiens d'embauche www.20minutes.fr/insolite/1657751-20150726-États-Unis-cv-echec-offre-cinq-entretiens-embauche
- CadreEtDirigeant Magazine > Les erreurs à ne jamais faire deux fois www.cadre-dirigeant-magazine.com/reussir-en-entreprise/les-erreurs-a-ne-jamais-faire-deux-fois/
- CadreEtDirigeant Magazine > Les meilleures citations sur l'erreur www.cadre-dirigeant-magazine.com/citations/meilleures-citations-lerreur/
- CadreEtDirigeant Magazine > Manager : l'art de faire des excuses quand il faut www.cadre-dirigeant-magazine.com/manager/manager-lart-de-faire-excuses-faut
- CadreEtDirigeant Magazine > Management : 5 grandes erreurs à éviter www.cadre-dirigeant-magazine.com/actu/management-5-grandes-erreurs-a-eviter/
- CadreEtDirigeant Magazine > Reconstruire la confiance en soi après un échec www.cadre-dirigeant-magazine.com/reussir-en-entreprise/reconstruire-confiance-soi-apres-echec/
- CadreEtDirigeant Magazine > Réussir : 44 erreurs à éliminer d'urgence www.cadre-dirigeant-magazine.com/reussir-en-entreprise/vie-quotidien-cadre/reussir-44-erreurs-eliminer-durgence-2/
- CadreEtDirigeant Magazine > Savourer vos erreurs : la clé du succès www.cadre-dirigeant-magazine.com/reussir-en-entreprise/savourer-vos-erreurs-la-cle-du-succes-2
- Dynamique-mag.com > Comment se relever après l'échec de son entreprise ? www.dynamique-mag.com/article/comment-relever-apres-echec-entreprise.8161
- Dynamique-mag.com > Le petit secret de Mark Zuckerberg… www.dynamique-mag.com/article/petit-secret-mark-zuckerberg.4779
- Inc.com > Why Elon Musk Is Predicting SpaceX's Latest Rocket Will Crash www.inc.com/graham-winfrey/elon-musk-spacex-rocket-will-probably-crash.html

- JournalMetro.com > Souffrez-vous d'atychiphobie ?
  http://journalmetro.com/opinions/au-boulot/379865/souffrez-vous-datychiphobie/
- L'Express.fr > Comment gérer l'échec?
  www.lexpress.fr/styles/psycho/comment-gerer-l-echec_1306617.html
- L'express.fr > Le CEO d'AirBnb: «La prochaine fois que votre idée est rejetée, je voudrais que vous repensiez à ces emails»
  https://fr.express.live/2015/7/17/le-ceo-dairbnb-la-prochaine-fois-que-votre-idee-est-rejetee-je-voudrais-que-vous-repensiez-a-ces-emails-exp-214633/
- LaLibre.be > La peur de l'échec tétanise les jeunes entrepreneurs belges
  www.lalibre.be/economie/libre-entreprise/la-peur-de-l-echec-tetanise-les-jeunes-entrepreneurs-belges-564cbb933570bccfaf21d0aa
- LaQuotidienne.fr > Refusée en tant qu'hôtesse de l'air, elle crée sa propre compagnie
  www.laquotidienne.fr/refusee-en-tant-quhotesse-de-lair-elle-cree-sa-propre-compagnie/
- LaRuche Entrepreneuriat > Comment j'ai planté ma première startup : retour d'expérience sur Captain Startup
  http://laruche.wizbii.com/17531-echec-startup-jeune-entrepreneur/
- LaTribune.fr > Echec entrepreneurial : pourquoi et comment il faut rebondir
  http://acteursdeleconomie.latribune.fr/debats/opinion/2015-11-24/echec-entrepreneurial-pourquoi-et-comment-il-faut-rebondir.html
- LaTribune.fr > Trajectoires : de l'échec au rebond
  http://acteursdeleconomie.latribune.fr/debats/conferences/2015-11-20/trajectoires-de-l-echec-au-rebond.html
- LeFigaro.fr > En sciences, l'échec vaut de l'or
  http://sante.lefigaro.fr/article/en-sciences-l-echec-vaut-de-l-or
- LeFigaro.fr > La kakorraphiophobie, cette peur de l'échec qui nous paralyse !
  www.lefigaro.fr/vie-bureau/2015/10/12/09008-20151012ARTFIG00061-la-kakorraphiophobie-cette-peur-de-l-echec-qui-nous-paralyse.php
- LeTemps.ch > Les secrets des patrons «self-made»
  www.letemps.ch/economie/2015/04/30/secrets-patrons-self-made
- LesEchos.fr > Accepter l'échec, un défi pour les entrepreneurs européens
  www.lesechos.fr/idees-debats/sciences-prospective/021520404778-accepter-lechec-un-defi-pour-les-entrepreneurs-europeens-1182607.php

- LesEchors.fr > Droit à l'échec ou à l'erreur : facteur-clé de confiance, de liberté de parole et d'innovation
  www.lesechos.fr/idees-debats/cercle/cercle-135767-droit-a-lechec-ou-a-lerreur-facteur-cle-de-confiance-de-liberte-de-parole-et-dinnovation-1137333.php
- LesEchos.fr > Sylvain Tillon ou l'art de rebondir
  www.lesechos.fr/journal20160411/lec2_carnet/021825036951-sylvain-tillon-ou-lart-de-rebondir-1212805.php
- LinkedIn Pulse > Le jour où j'ai échoué sur la scène de TEDx
  www.linkedin.com/pulse/day-i-failed-stage-tedx-simon-de-baene
- LinkedIn Pulse > Réussir 2016 : faites-vous partie des 12% ?
  www.linkedin.com/pulse/r%C3%A9ussir-2016-faites-vous-partie-des-12-fred-colantonio
- MadmoiZelle.com > L'échec, le meilleur chemin vers la réussite ?
  www.madmoizelle.com/echec-reussite-psychologie-376539
- MarieClaire.fr > Si l'échec était la clef du succès ?
  www.marieclaire.fr/,si-l-echec-etait-la-clef-du-succes,738646.asp
- SeReconnecter.eu > L'échec est une opportunité !
  http://sereconnecter.eu/lechec-est-une-opportunite/
- Slate.fr > Le jour où Meryl Streep a été éliminée d'un casting parce qu'elle était «trop moche»
  www.slate.fr/story/109751/meryl-streep-king-kong-refus-photo
- Visually > Why Startups Fail
  http://visual.ly/why-startups-fail
- YouTube.com > Clique x Metallica, 12 janvier 2017 :
  www.youtube.com/watch?v=n3DsVVgE3BI

Notes et références

[1] On trouve de nombreux clins d'œil et évocations de *Thriller* dans le cinéma et la musique, de Will Smith (chorégraphie du clip *Men in Black*, en 1997) aux Backstreet Boys (clip *Everybody*, en 1998) en passant par Britney Spears (clip I wanna go, en 2011) ou encore avec le mutant Diablo (qui porte une veste en cuir rouge similaire à celle de Michael Jackson) dans *X-Men : Apocalypse* sorti en 2016.

[2] Je suis alors dans l'enseignement primaire que je m'apprête à quitter quelques mois plus tard pour l'enseignement secondaire, équivalent belge et québécois du collège en France.

[3] *Voy.* notamment www.tearsofblood.be.

[4] GROSPIRON E., *Quand on rêve le monde*, Éditions Altal, 2006, p.116.

[5] *Ibidem*, p.33.

[6] En prison, l'ardeur de Nelson Mandela à faire entendre la voix des autres est restée intacte : porte-parole des prisonniers politiques, il leur a obtenu avec le temps plusieurs concessions, parmi lesquelles une nourriture similaire à celles des autres détenus et des vêtements.

[7] Même dans l'univers des Héros, la donne a changé. Le temps du Héros irréprochable, sans peur et sans reproche, est révolu. Le Héros d'aujourd'hui est vulnérable, humain et accessible. James Bond a cédé sa place à Harry Potter, comme je l'évoque dans l'un de mes précédents livres : *INSPIRATION – Votre attitude gagnante inspirée des plus Grands, L'attitude des Héros*, 2013.

[8] Ma contre-performance au concours de *playback* vous a peut-être touché, fait sourire, ou laissé indifférent. À vos yeux, cette anecdote n'est peut-être pas assimilable à ce qui peut être qualifié d'échec. Est-ce pour cela qu'il faut la disqualifier de notre inventaire du sujet afin de mieux le comprendre ? Cette expérience fait partir des difficultés rencontrées sur ma route. S'il y a bien plus grave, elle constitue dans ma trajectoire une ressource qui a engendré des conséquences négatives dont certaines ont été rattrapées (le plaisir de la scène) et d'autres non (le chant).

[9] GRANATA A., *Le pouvoir de l'échec*, Les Editions La presse, 2016, p.27.

[10] PEPIN C., *Les vertus de l'échec*, Allary Editions, 2016.

[11] Les différentes sources consultées présentent une certaine discordance : tantôt l'âge de Lincoln ne correspond pas aux dates renseignées, tantôt la chronologie des événements relatés ne semble pas être alignée. Je me

suis basé sur les sources suivantes : *Ibidem*, pp.56-57 ; BEN-SHAHAR T., *L'apprentissage de l'imperfection*, Pocket, 2009, p.74 ; la page Wikipédia francophone consacrée à Abraham Lincoln https://fr.wikipedia.org/wiki/Abraham_Lincoln ou encore www.histoire-pour-tous.fr/biographies/2755-la-biographie-dabraham-lincoln-1809-1865.html

[12] HUMBEECK B., *De Blanche-Neige à Harry Potter, des histoires pour rebondir*, Collection Etre et Conscience, Editions Mols, 2015, p.57.

[13] BRUNAT D., DUBUQUOI A., *Steve Jobs, figure mythique*, Les belles lettres, 2014, pp.14-15. Par rapport à ce qui fait la fascination autour de Steve Jobs, les auteurs ajoutent, très à propos : *«[Jobs] est aussi un héros de l'étoffe de ceux dont l'Amérique raffole : le comeback kid, celui qui était au sommet, qui a trébuché, qui est tombé, qui sait se relever.»* (p.46)

[14] VANCE A., *Elon Musk, How the billionaire CEO of SpaxeX and Tesla is shaping our future, Ashlee Vance*, Virgin Books, 2015, pp.89-94.

[15] Source : 1001 Startups > #Startup : Arrêtons de glorifier l'échec ! http://1001startups.fr/startup-arretons-de-glorifier-lechec/

[16] Allusion à la chanson de Jean-Jacques Goldman intitulée *Les murailles*, parue sur l'album *En Passant*, Columbia/Sony Music, 1997.

[17] HAZETTE P, *Laurent Minguet – Tribulations dun entrepreneur liégeois*, Collection Paradigmes, Les Editions de la Province de Liège, 2015, pp.40-66.

[18] RAMIREZ BASCO M., *Y a-t-il des perfectionnistes heureux ?*, Les éditions de l'Homme, 2009, pp.140 à 158.

[19] Cité in PILE S., *Le Livre officiel des glorieux losers. Pourquoi réussir quand on peut échouer en beauté ?*, Denoël, 2016, p.321.

[20] *Ibidem*, p.321.

[21] Source : Wikipedia > Liste de prédictions erronées, https://fr.wikipedia.org/wiki/Liste_de_prédictions_erronées

[22] PILE S., *op.cit.*, p.322.

[23] Ne pas faire de suppositions est l'un des 4 accords toltèques formulés par Don Miguel Ruiz (voy. MIGUEL RUIZ D., *Les quatre accords toltèques - La voie de la liberté personnelle*, Poches Jouvence, 2005, pp.65-72). J'ai abordé la distinction entre les suppositions et les hypothèses en traitant la logique d'action liée à la curiosité dans mon livre *ACTION – Devenez le Héros de votre propre histoire, relevez vos défis*, L'attitude des Héros, 2014.

[24] RAMIREZ BASCO M., *op.cit.*, p.154.

[25] Pour une liste plus complète, *voy*. l'ouvrage dont cette partie du livre est inspirée : DOBELLI R., *Arrêtez de vous tromper !, 52 erreurs de jugement qu'il vaut mieux laisser aux autres…*, Eyrolles, 2012.

[26] *Ibidem*, p.22.

[27] *Ibidem*, p.173. L'auteur rapporte que *«Philippe Tetlock (...) professeur de Berkeley a examiné à la loupe 82 361 prévisions réalisées par 284 spécialistes sur une période de dix ans. Résultat : ce qu'ils avaient prédit n'était pas plus juste que si l'on avait interrogé un générateur de chiffres aléatoires. C'était justement les spécialistes à la plus forte couverture médiatique qui s'étaient le plus trompés.»*

[28] PILE S., *op.cit.*, p.317.

[29] KERDELLANT C., *Ils se croyaient les meilleurs - Histoire des grandes erreurs de management*, Denoël, 2016, pp.306-314. J'épingle le propos des pages 312-313, emblématique de l'effet pervers de l'illusion groupale : *«Dernière circonstance qui a favorisé l'erreur et trompé la « rationalité limitée » des dirigeants de MT et de la Nasa contre leurs ingénieurs : l'utilisation du téléphone pour la réunion déterminante de trente-quatre personnes (...) chacun entend une seule voix s'exprimer, et se concentre sur elle : personne ne remarque le silence, le froncement de sourcils d'inquiétude, les sourires d'encouragement ou la moue de désapprobation, voire l'absence pour quelques minutes de chacun des trente-trois autres participants. Le silence entraîne l'illusion de l'unanimité. Un des présents à la réunion raconte qu'en commençant, il avait devant lui une fiche sur laquelle était écrit : « En aucun cas, ne lancer Challenger. Les joints sont trop instables. » Or quand vint son tour de parler, il a soupiré, comme les autres : « Lançons-la. »»*

[30] La dirigeante française Anne Lauvergeon fait l'expérience du biais d'autorité lorsqu'elle crée Areva, un groupe nucléaire public qu'elle préside pendant dix ans à partir de 2001. Fusionner les entreprises françaises en un leader solide du secteur est ambitieux et surtout inédit à l'époque. Celle qui est surnommée «Atomic Anne», considérée comme l'une des femmes les plus puissantes au monde, entre en rapport de force avec l'État et ses détracteurs de plus en plus nombreux. Ceux qui la soutiennent sont sous le coup de son autorité et n'osent pas remettre en question sa vision, ses orientations ni ses décisions. En 2011, Areva n'a vendu que quatre réacteurs EPR (*European Pressurized Reactor*) et affiche une perte de 423 millions d'euros – la première de son histoire. Anne Lauvergeon n'est pas reconduite dans son mandat et fait même l'objet d'une mise en examen en 2016 pour diffusion d'informations fausses ou trompeuses, d'abus de pouvoir, de faux et usage de faux. (*Ibidem*, pp.425-429 et LeMonde.fr > Police et justice > Affaire UraMin : Anne Lauvergeon mise en examen :
www.lemonde.fr/police-justice/article/2016/05/13/affaire-uramin-anne-lau-

vergeon-convoquee-devant-les-juges-d-instruction_4919310_1653578.html)

[31] Les WCT sont les anciens championnats du monde de tennis. Ils ont été remplacés par l'ATP (*Association of Tennis Professionals*), son classement et son circuit *ATP World Tour*.

[32] Source : DWECK C., *Changer d'état d'esprit – Une nouvelle psychologie de la réussite*, Mardaga, 2010, pp.40-41.

[33] Source : Brainyquote > John McEnroe : www.brainyquote.com/quotes/authors/j/john_mcenroe.html

[34] Cette liste peut s'allonger à l'infini : chaque recherche scientifique aboutit du premier coup, chaque nouveau produit d'une entreprise trouve son marché, chaque initiative entrepreneuriale se solde par un succès, etc.

[35] PILE S., *op.cit.*, p.317. Notons qu'à l'époque de sa déclaration, c'était certainement le cas, puisque la révolution de la micro-informatique et de l'ordinateur personnel n'avait pas encore eu lieu.

[36] Certaines erreurs de communication font jouer gros aux marques, allant parfois jusqu'à compromettre le produit concerné par le loupé (communication produit), la marque (communication sur la personnalité de la marque), voire l'entreprise elle-même (communication institutionnelle et d'entreprise) (source : KERDELLANT C., *op.cit.*, pp.238).
La marque Benetton illustre bien les risques qu'une marque court quand elle va trop loin. Erigé au rang de mode de vie à une époque, la marque stagne et s'est fait devancer par les autres ténors du secteur, comme Zara ou H&M. La marque Abercrombie & Fitch a elle aussi créé les conditions des difficultés qu'elle rencontre aujourd'hui. Son PDG Mike Jeffries a tout misé tout sur l'élitisme. Durant 10 ans, ça marche. Le côté exclusif attire. Dans les années 2010 pourtant, les déclarations de Jeffries visant à réserver les produits à certains canons de beauté dignes de les porter choquent. Il démissionne en 2014 après deux années de stagnation et même de recul du chiffres d'affaires.

[37] HAIG M., *100 grands flops de grandes marques – Histoires vraies et les leçons à en tirer*, Dunod, 2011, p.IX.

[38] Partageons encore le cas du poulet américain Frank Perdue qui a su faire parler de lui en Espagne. Le slogan de la marque *It takes a strong man to make a tender chicken* (il faut un homme fort pour fabriquer un poulet tendre) y est devenu *Il faut un homme excité pour rendre un poulet affectueux.*

[40] Source : Wikipedia > Liste de prédictions erronées, https://fr.wikipedia.org/wiki/Liste_de_prédictions_erronées

[40] C'est le cas par exemple de la déclaration de Thomas Watson, président d'IBM, qui affirme en 1943 qu'il doit y avoir dans le monde un marché pour environ cinq ordinateurs. Les machines de l'époque sont des calculateurs volumineux et pesants dont les usages sont militaires et professionnels. Ainsi, lorsque nous pensons à l'ordinateur, nous en avons une représentation très différente de celle que Thomas Watson en avait de son temps.

[41] Gaston Lagaffe dispose en effet des attributs du Héros que nous avons identifiés dans nos livres précédents : humilité, unicité, miroir, adaptation, intuition, naïveté. C'est bien un usage décalé que fait Gaston de ces caractéristiques universelles, plus qu'un recours à d'autres spécificités. *Voy.* sur les attributs du Héros *INSPIRATION – Votre attitude gagnante inspirée des plus Grands* (L'attitude des Héros, 2013) et sur leur utilité dans la préparation à l'action *ACTION – Devenez le Héros de votre propre histoire, relevez vos défis* (L'attitude des Héros, 2014).

[42] Source : QoQa.ch - iPhone 6 The New Wired Phone 2014 www.youtube.com/watch?v=_0ZrKPUswHg

[43] PILE S., *op.cit.*, p.317.

[44] GRAEME D., *De l'erreur à la découverte – L'origine des inventions les plus célèbres*, Marabout, 2014, p.139.

[45] *Ibidem*, pp.67-78.

[46] Sources : GRANATA A., *op.cit.*, p.65 ; PEPIN C., *op.cit.*, p.109.

[47] KESSELS E., *Parfaites imperfections : comment transformer ses erreurs en idées géniales pour se planter en beauté*, Phaïdon, 2016, p.18.

[48] SCHULZ K., *Cherchez L'erreur ! Pourquoi il est profitable d'avoir tort*, Flammarion, 2012, p.146.

[49] CONSTANTY H., *Warren Buffett, le gourou de la finance*, Eyrolles, 3e Edition 2015, p.135.

[50] Auteur du livre *Frames of Mind: the Theory of Multiple Intelligence* (1983) traduit en français sous le titre *Les formes de l'intelligence* (1997), Gardner formule l'hypothèse suivant laquelle il n'existe pas une mais bien huit formes d'intelligence chez l'être humain : verbo-linguistique, logico-mathématique, visuo-spatiale, intra-personnelle, interpersonnelle, corporelle-kinesthésique, musicale-rythmique et enfin naturaliste. Sa théorie est devenue une référence en matière pédagogique.

[51] *Compétences non cognitives* est une terminologie utilisée par James Heckman, économiste à l'université de Chicago. Cité *in* TOUGH P., *Comment les enfants réussissent – Détermination et curiosité, les pouvoirs cachés du caractère,* Marabout, 2014, p.22.

[52] C'est moi qui traduis : *«I failed in some subjects in exams. But my friend passed in all. Now he is an engineer in Microsoft and I am the owner of Microsoft.»* Bill Gates

[53] Vous souvenez-vous de la série américaine Friends diffusée entre 1994 et 2004 durant 10 saisons ? Lors de l'épisode 3 de la saison 2, *Celui qui est mort dans l'appart du dessous* (en version originale *The One Where Heckles Dies*), Phoebe et Ross se disputent à propos de la théorie de l'évolution. L'opposition entre l'espiègle frivole et le scientifique est à la fois drôle et emblématique : lorsque Phoebe annonce qu'elle ne croit pas en l'évolution (*«les petit singes, Darwin, c'est vrai que c'est une jolie histoire, mais cela dit, je la trouve légèrement trop facile»*), Ross entreprend de la convaincre. À l'issue d'une suite d'arguments et contre-arguments (dont l'explication par Ross des *«pouces opposables»*), l'échange suivant referme leur conversation :

- Phoebe : *«Je ne nie pas l'évolution, je préfère dire que c'est l'une des possibilités.»*
- Ross : *«C'est la seule et unique possibilité, Phoebe.»*
- Phoebe : *«Est-ce que tu peux accepter de t'ouvrir un tout petit peu, s'il-te-plaît ? Est-ce qu'il n'y a pas eu une époque où les esprits les plus brillants de ce monde ne pensaient pas que la Terre était plate ? Et ne me dis pas qu'il y a à peine cinquante ans, vous ne croyiez pas tous que l'atome était le plus petit corps existant jusqu'à ce que vous arriviez à l'ouvrir et que toutes les saletés coincées dedans vous sautent au visage ? Et sachant cela, tu aurais le culot de me dire, et ça d'une façon incroyablement arrogante, que tu refuses d'admettre qu'il puisse y avoir une riquiqui et infime possibilité que vous puissiez aussi vous tromper à ce sujet ?»*
- *Et Ross d'admettre : «Il se peut qu'il y ait une infime, riquiqui, possibilité…»*

[54] Source : «La terre est plate» ou la brève histoire d'une «vérité», http://philo.pourtous.free.fr/Articles/Patrice/terreplate.htm

[55] SCHULZ K., *op.cit.*, p.147.

[56] BREGMAN P., *18 minutes pour être efficace*, Leduc.s éditions, 2012, pp.38-40.

[57] DOBELLI R., *op.cit.*, pp.37-43.

[58] TOUGH P., *op.cit.*, pp.182-184.

[59] Source : YouTube.com > Petit extrait de TV sur la navette Columbia : www.youtube.com/watch?v=Llj-Lc040sE

[60] SCHULZ K., *op.cit.*, p.148.

[61] MILOT S., *Le succès, ça s'apprend ! 9 clés pour réussir sa vie*, Les Editions de l'Homme, 2012, pp.53-44.

[62] MARILLAC A. J., *La voie du héros, scénariser sa vie*, Québecor, 2009, p.14.

[63] BROWN B., *La force de l'imperfection – Les 10 clés pour vivre pleinement sa vie*, Leduc.s Editions, 2014, p.31.

[64] HUMBEECK B., *op.cit.*, p.46.

[65] J'ai présenté l'attitude gagnante de Nick Vujicic dans mon livre *ACTION – Devenez le Héros de votre propre histoire, relevez vos défis,* L'attitude des Héros, 2014.

[66] BROWN B., *op.cit.*, p.76.

[67] Ce principe est énoncé comme l'un des quatre accords toltèques. *Voy.* RUIZ D. M., *op.cit.*, pp.53 et s.

[68] KERDELLANT C., *op.cit.*, p.479.

[69] C'est moi qui traduis : «*You know, you can please some of the people, some of the time. One of the hardest thing when you try to affect change is that people like this gentleman are right in some areas (...) Some mistakes will be made by the way. Some mistakes will be made along the way. That's good. Because at least some decisions are being made along the way. We'll find the mistakes and we'll fix them.*» Source : YouTube.com > Apple's WWDC 1997 : www.youtube.com/watch?v=GnO7D5UaDig (à partir de 50:20).

[70] C'est moi qui traduis : «*If something is important enough, you should try, even if the probable outcome is failure.*» Elon Musk, via Instagram

[71] POIRIER L., *Voir grand - Leçons d'affaires, de vie et de liberté*, Un monde différent, 2016, p.28.

[72] *Ibidem*, p.190.

[73] DWECK C., *op.cit.*, p.273.

[74] Pour des exemples concrets de personnalité qui ont déjoué les pronostics, citons entre autres Albert Einstein, Charles Darwin, Michael Jordan, Ludwig Van Beethoven ou encore Walt Disney. Vous pouvez en découvrir plus sur leur parcours dans mon livre *INSPIRATION – Votre attitude gagnante inspirée des plus Grands,* L'attitude des Héros, 2013.

[75] SCHELL J., *L'art du game design : 100 objectifs pour mieux concevoir vos jeux*, Pearson, 2010, p.12.

[76] BEN-SHAHAR T., *L'apprentissage de l'imperfection*, Pocket, 2009, p.28.

[77] LATULIPPE M., *L'exceptionnel pouvoir de votre potentiel,* Les Editions de

la Francophonie, 2009, p.71.

[78] JARVIS J., *La méthode Google*, Pocket, 2011, p.204.

[79] J'ai traité du perfectionnisme comme frein à l'action et excuse pour ne pas faire les choses dans *ACTION – Devenez le Héros de votre propre histoire, relevez vos défis*, L'attitude des Héros, 2014. Bien entendu, éviter le piège du perfectionnisme ne veut pas dire verser dans la médiocrité pour autant. Nous devons continuer à viser haut, mais en nous affranchissant de cette quête inatteignable d'absolue perfection.

[80] DOBELLI R., *op.cit.*, p.27.

[81] Source : Lequipe.fr > Voile Record > Thomas Coville : « Je suis fier du chemin »
www.lequipe.fr/Voile/Actualites/Thomas-coville-je-suis-fier-du-chemin/763461

[82] C'est moi qui traduis : *«Fail to prepare, prepare to fail.»* Richard Branson via Instagram

[83] C'est moi qui traduis : *«Greatness is not born from one success. Greatness is born from persevering through the countless failed attempts that preceded.»* Simon Sinek (citation du 07 mars 2016, communiquée via son info-lettre)

[84] FRIED J., HEINEMEIER H., *ReWork – Réussir autrement*, Maxima Laurent du Mesnil éditeur, 2012, p.23.

[85] KESSELS E., *op.cit.*, p.157.

[86] Source : LeFigaro.fr > En sciences, l'échec vaut de l'or
http://sante.lefigaro.fr/article/en-sciences-l-echec-vaut-de-l-or

[87] C'est moi qui traduis : *«Damaged people are dangerous. They know they can survive.»*

[88] Titre paru à la cinquième plage de l'album *The Future, Columbia records*, 1992.

[89] L'examen de dispense du cours d'*Histoire Parlementaire et Législative de Belgique* était organisé sur une partie écrite et une partie orale. Je bute sur la partie écrite mais crois pouvoir atteindre la moyenne. Je m'en sors très bien à la partie orale, ce que confirme le Professeur titulaire sans pour autant me dévoiler ma note. À l'annonce des dispenses, figure à côté de mon nom la mention «non dispensé». Abandonner ou continuer ? Convaincu d'avoir plutôt bien fait, je choisis d'investiguer – démarche naturelle pour un futur criminologue. Dans le bureau de l'assistant, les résultats de sa recherche informatique lui font me dire que je n'avais certainement pas pris la peine de répondre aux questions de l'examen écrit. À ce moment, je

comprends qu'il doit y avoir eu un problème. Après plusieurs dizaines de minutes à retrouver ma copie parmi les centaines d'autres, il s'avère que l'encodage de mes notes était erroné : j'ai obtenu 16/20 à l'examen oral et 11/20 à l'examen écrit, soit une moyenne de 13,5/20. La moyenne étant à 12/20, je devais être dispensé. Cependant, suite à une erreur d'encodage, l'ordinateur renseignait 1/20 à l'écrit. L'assistant me souffla à l'oreille : *«vous avez vraiment bien fait de venir.»* Je garde de cette mésaventure le goût de l'investigation et de la curiosité qui me pousse à poser des questions même quand ce n'est pas indispensable.

[90] Sauf pour la dernière année où je choisis volontairement de présenter tous mes examens en première session et de garder la présentation de mon travail de fin d'études pour la seconde session, ce qui m'octroira quelques semaines de plus pour le peaufiner et obtenir la note plutôt rare de 19/20.

[91] C'est moi qui traduis : *«It was awful tasting medicine, but I guess the patient needed it. Sometimes life hits you in the head with a brick. Don't lose faith.»* Extrait du Commencement Speech que Steve Jobs adressa aux étudiants de Stanford en 2005 et disponible sur : Stanford > News > 'You've got to find what you love,' Jobs said :
http://news.stanford.edu/2005/06/14/jobs-061505/

[92] *Nino et Sandra - Notre histoire*, non publié, 2012, p.64.

[93] KERDELLANT C., *op.cit.,* p.479.

[94] PEPIN C., *op.cit.*, p.205.

[95] Voy. notamment GRANATA A., *op.cit.*, p.31.

[96] HUMBEECK B., *op.cit.*, p.11 (préface).

[97] *Ibidem*, p.22.

[98] La psychiatre et professeure de médecine du comportement, Elizabeth Kübler-Ross, a décrit le parcours psychologique des malades en fin de vie en révélant plusieurs stades de leur cheminement. Ce parcours a été depuis mondialement utilisé et communiqué pour mieux comprendre les réactions aux changements imposés : le déni, la colère, le marchandage, la dépression et l'acceptation.

[99] HUMBEECK B., *op.cit.*, p.35.

[100] GRANATA A., *op.cit.,* p.35.

[101] VANCE A., *op.cit.*, p.200.

[102] Source : Dynamique-mag.com > Le petit secret de Mark Zuckerberg…
www.dynamique-mag.com/article/petit-secret-mark-zuckerberg.4779

[103] C'est moi qui traduis : *«If something is important enough, even if the odds are against you, you should still do it.»* Elon Musk

[104] Anthony Ervin, via la page Facebook Olympic, le 11 janvier 2017 : www.facebook.com/olympics/videos/vb.209361989215/10154985090484216/

[105] GABILLIET P., *Eloge de l'audace et de la vie romanesque*, Saint-Simon, 2015, p.11.

[106] CYRULNIK, *Ivres paradis, bonheurs héroïques*, Odile Jacob, 2016, p.184.

[107] J'en ai parlé dans mon précédent ouvrage *SIGNIFICATION – Raviver la flamme qui nous anime,* L'attitude des Héros, 2015, p.70.

[108] C'est moi qui traduis : *«To be human is to be able to fuck up and learn. Touch the flame and go "aw" and don't do that again. To experience life, to experience all of life and to understand that sinning or doing something wrong, making mistakes is how you evolve. Be gentle with yourself.»* Source : YouTube.com > Clique x Metallica, 12 janvier 2017 : www.youtube.com/watch?v=n3DsVVgE3BI

[109] GODIN S., The Dip : *A Little Book That Teaches You When to Quit (and When to Stick)*, Portfolio Hardcover, 2007.

[110] C'est moi qui traduis : «Dream big and dare to fail.»

[111] Extraits de conversation privée sur Facebook avec Blaze Bayley, 22 juin 2015, 10:37.

Notes personnelles

Autres titres parus

www.lattitudedesheros.com

ASSOUAD Sébastien
Dans la peau d'un manager
2018

DELLA FAILLE Jean-Charles
Vous êtes fantastique
2018

COLANTONIO Fred
Rebondir sur l'échec
2017

COLANTONIO Fred
Signification – Raviver la flamme qui nous anime
2015

COLANTONIO Fred
Action – Devenez le Héros de votre propre histoire
2014

COLANTONIO Fred
Inspiration – Votre attitude gagnante inspirée des plus Grands
2013

L’attitude des Héros ©
LES COLLECTIONS

Pour mieux réussir vous transmet des outils pour de nouvelles perspectives et des leviers de progression qui inspirent votre réussite professionnelle et font de vous le Héros de votre carrière.

Visions d’entreprise vous connecte aux méthodes d’auteurs inspirants qui interviennent auprès des entreprises pour les développer et en faire des viviers à Héros.

Récits vous inspire à travers les histoires de personnes, réelles ou de fiction qui, au départ de situations ordinaires, ont créé l’étincelle et développé une trajectoire extraordinaire.

Crédits photo

Edgar Grospiron - © *Agence SWiTCH*
Caroline Viau - © *Izazoom*
Mary-Laure Lux - © *Pierre Forlin*
Luc Poirier - © *Andreanne Gauthier*
Blaze Bayley - © *Eline Demeyere*